Susana Garcia Ferreira

Lebe deine Intention

TEIL 2

VORWORT

~~~~~~~

Kennst du dieses Gefühl, wenn dein Leben von außen bestimmt wird; wenn dein Taktgeber deine Agenda ist? Du von einem Moment zum anderen lebst und das Leben dazwischen sich anstrengend und gestresst anfühlt? Bis vor ein paar Jahren war das so bei mir. Ich war sehr erfolgreich in meinem Beruf unterwegs. Hatte eigentlich alles, was man sich wünschen kann. Und doch gab es irgendwann diesen einen Moment, in dem mir bewusst wurde, dass das nicht das Leben ist, das ich führen will. Ich fühlte mich gefangen. Mir wurde bewusst, dass nicht ich mein Leben lebte. Nein, ich wurde gelebt: von meinem Beruf, meinem vermeintlichen Freizeitstress und meinen inneren Erwartungen, wie das Leben auszusehen hatte. Ich wusste plötzlich, dass das nicht das Leben war, das ich führen wollte. Doch was ich genau wollte, das wusste ich nicht. Ich war lange auf der Suche. Ich habe viele Bücher gelesen, Podcasts gehört und auch Kurse besucht. Sie alle inspirierten mich, doch immer stand ich bei der Umsetzung verloren da, wie vor einem Berg, und wusste nicht, wie ich diese vielen Ideen in meinen Alltag integrieren konnte.

Also machte ich mich selbst auf den Weg und entdeckte dabei: mich. Mich mit all meinen Fehlern und Mustern. Aber auch mich mit all meinen Stärken und meiner Kraft.

Ich habe mich und meine Intention gefunden. Und plötzlich konnte ich all meine Fragen beantworten. Ich wusste, was ich wollte; ich wusste, was ich brauchte. Daraus habe ich ein Tool entwickelt, das wie ein Kompass wirkt. Ein Kompass, ausgerichtet auf folgende Parameter:

- Zu wissen, was ich will.
- Mir selbst gegenüber gerecht zu werden und treu zu bleiben.
- Geerdet und fokussiert meine Wünsche und Ziele umzusetzen. Ohne Druck, ohne Stress, aber beharrlich und nachhaltig.
- Mich nicht zwischen den verschiedenen Rollen zu verlieren (Mutter sein, Partnerschaft, Selbstständigkeit, Freizeit, Freunde, Familie etc.).
- Immer in Kontakt mit mir selbst zu sein. Anzukommen. Meine innere Kraft und Ruhe zu spüren.

Das Buch ist in zwei Teile aufgebaut. Im ersten Teil lernst du das Know-how kennen, den Theorieteil sozusagen. Du tauchst mit mir in die Welt der Intentionen ein. Ich zeige dir auf, was Intentionen sind, und wie du mit deren Kraft dein Leben in die Hand nehmen kannst. Eine große Rolle spielt dabei deine Intuition, deine innerste Stärke. Sie zeigt dir den Weg, wenn du mal nicht weiterweißt. Ich gebe dir Tipps, wie du deine Intuition für dich aktivieren und nutzen kannst. Und schließlich zeige ich dir auch mögliche Hürden auf, alle Hindernisse, die dir im Weg stehen könnten. Das können Glaubenssätze, Konditionierungen sowie alte Verletzungen oder Traumata sein. Wir alle haben diese Hürden. Doch sie dürfen uns am Ende nicht davon abhalten, trotz allem unseren Weg zu gehen.

Im zweiten Teil des Buchs geht es um das Herzstück des Tools. Ich führe dich in die verschiedenen Qualitäten der Natur ein und zeige dir Wege auf, wie du diese Kräfte für dich einfach und praktikabel in deinen Alltag integrieren kannst. Du nimmst einen neuen Rhythmus an und wirst erstaunt feststellen, wie gut er dir tut.

Diese Qualitäten oder Kräfte habe ich nicht erfunden. Es gab sie schon immer. Ich schlage einfach eine Brücke zwischen diesem alten Wissen und unserer modernen, digitalisierten Welt. Denn das ist wohl die größte Herausforderung – für uns alle: dass wir in dieser überladenen und reizüberfluteten Welt immer wieder bei uns selbst ankommen; ein Leben führen, das uns und unseren Liebsten gerecht wird. Und dass wir unsere eigene Kraft entdecken – und diese auch leben.

Eine Bitte habe ich noch: Nimm jeglichen Druck aus deinem Leben heraus. Dein Leben darf kein Leistungsmarathon sein. Lies das

Buch in Ruhe durch und beginne in kleinen Schritten, dein Leben so zu verändern, wie du es willst und wie es dir guttut. Vertraue mir, wenn ich dir sage, dass die größten Veränderungen still und leise geschehen. Habe Vertrauen in das Leben. Habe Vertrauen in deine Kraft.

Mein Weg zu mir selbst

Mein Name ist Susana, ich bin in der Schweiz geboren und aufgewachsen. Meine Eltern stammen jedoch aus Portugal, sie sind in den 1970er-Jahren ausgewandert, weil sie die Hoffnung hatten, hier in der Schweiz ein besseres Leben zu finden; für sich und ihre Kinder. Ich bewundere noch heute ihren Mut. Sie verließen ihre Heimat, ohne die Sprache und die Kultur des neuen Landes zu kennen. Sie ließen alles, was ihnen lieb war, hinter sich. Allein ihr Wille, dass sie für sich ein anderes Leben wünschten, begleitete sie.

Ich glaube, ob bewusst oder unbewusst, das hat mich sehr geprägt. Wir wuchsen bescheiden auf, doch ich hatte nie das Gefühl, dass mir etwas fehlt. Wir hatten nicht viel, doch alles war voller Liebe, und Gäste waren immer willkommen. Rückblickend haben mir meine Eltern etwas unglaublich Wichtiges mit auf dem Weg gegeben: den Glauben daran, dass, wenn ich will, wenn ich wirklich will, ich alles erreichen kann. Es ist genau dieser Glaube, der mich auch heute noch anspornt und mich meinen eigenen Weg gehen lässt.

Meine ersten Berufserfahrungen habe ich im Tourismus getätigt. Ich habe einige Jahre in dieser sehr schönen Branche gearbeitet, bis ich den inneren Hunger hatte, mehr zu lernen, weiterzugehen. Ich wechselte die Branche und trat eine Stelle im Luxusgüterbereich an. Doch auch dort war dieses innere Sehnen; eine Art Rufen, das ich nicht einordnen konnte. Ich dachte, ich sei zu wenig gefordert, müsste die Karriereleiter noch weiter hinaufgehen, bis ich wirklich zufrieden sein würde. Und so ging ich Schritt für Schritt die Leiter hoch, bis ich mich in einem Meeting in Orlando wiederfand und mich fragte: »Was mache ich hier eigentlich?«. Ich musste feststellen, dass mein Leben von außen zwar toll aussah, doch ich selbst war todunglücklich. Mein Alltag

13

war getaktet von meiner Agenda. Ich wusste nicht mehr, wer ich war und was ich eigentlich wollte. Ich wusste nur, das war es sicherlich nicht. Also kündigte ich. Auf viele mag das vielleicht mutig wirken – doch ehrlich gesagt, konnte ich einfach nicht mehr. Ich spürte genau, wenn ich jetzt so weitermachen würde, würde ich mich komplett verlieren. Ich wechselte daraufhin die Branche und war für eine Firma als Coach und Trainer tätig. Ich dachte: »Jetzt bist du auf dem richtigen Weg!«, und doch musste ich schon nach mehreren Monaten feststellen, dass ich wieder ins gleiche Fahrwasser geraten war. Ich begann an mir selbst zu zweifeln. An mir und meiner Intuition. Was war denn nur los mit mir? Es schien so, als würde ich mir immer und immer wieder den Kopf anschlagen – solange, bis ich wirklich tiefgreifende Veränderungen initiieren würde. Doch welche Veränderungen sollte ich denn nun initiieren? Ich hatte ja schon so viel verändert. Was zum Teufel sollte ich denn noch ändern? Wann würde ich endlich meine Ruhe haben? Wann würde ich endlich ein Gefühl von Ankommen empfinden?

Es waren turbulente Jahre, denn ich ließ mich in dieser Zeit scheiden, wagte einen Neuanfang in Luzern und wurde ungeplant schwanger. Rückblickend weiß ich nicht mehr, wie ich all diese Herausforderungen gemeistert habe. Es war sicher der Halt und die Liebe meines Lebenspartners sowie auch ganz viele tolle neue Freundschaften, die ich aus meinem Neuanfang heraus gewonnen habe. Doch schlussendlich können wir diese Stürme des Lebens nur meistern, wenn wir selbst unser Anker sind. Nur so können wir die Kraft entwickeln, jede Hürde zu nehmen, die uns das Leben in den Weg legt, und gleichzeitig wachsen wir so über uns hinaus.

Heute, mehrere Jahre später, weiß ich, dass es meine Seele war, die immer wieder nach mir gerufen hat. Das mag für einige seltsam scheinen, doch so war es. Ich hatte in der Vergangenheit sehr viele Entscheidungen getroffen, basierend auf Konditionierungen, Glaubenssätzen und auch aus der reinen Vernunft heraus. Diese galt es nun, Stück für Stück umzuwandeln. Je mehr ich meiner Seele, meinem Herzen gerecht wurde, desto ruhiger wurde ich. Und je ruhiger ich wurde, desto mehr kam ich bei mir selbst an.

Selbstverständlich hatte ich in diesen Jahren des Wandels immer noch viele Momente des Zweifelns, des Haderns und der Wut. Es gab immer wieder Situationen, in denen ich mich fragte, wieso ich nicht einfach ein ruhiges Leben haben kann. Wieso ich immer wieder alles im Leben auf den Kopf stellen muss — oder fast alles. Was mir dabei geholfen hat? Die Natur, ihre Weisheit, ihre geerdete Energie, ihre wunderbaren Botschaften.

Ich habe daraus dieses Tool entwickelt, das mir geholfen hat anzukommen. Bei MIR anzukommen. All das abzulegen, was mir nicht dienlich ist und mich daran hindert, ich selbst zu sein. Und nun bin ich hier, habe dieses Buch geschrieben, »Lebe deine Intention«, und bin einfach nur unglaublich dankbar, habe ich mich doch für mein Herz — für meine Intuition entschieden. In dem ich das tat, ermächtigte ich mich selbst, das Leben zu führen, das mir guttut — und das mir gerecht wird.

Und das wünsche ich nun auch dir, liebe Leserin und lieber Leser. Ich wünsche dir viel Freude beim Lesen dieses Buches. Unglaublich viel Mut im Leben deiner Intentionen und Vertrauen in dich und deine innere, weise Stimme. Diese Stimme hat viele Namen, sei es Seele, Herz, Intuition, Körperwissen. Schlussendlich ist es egal. Hör ihr gut zu. Achte ihre Weisheit, sie meint es immer nur gut mit dir.

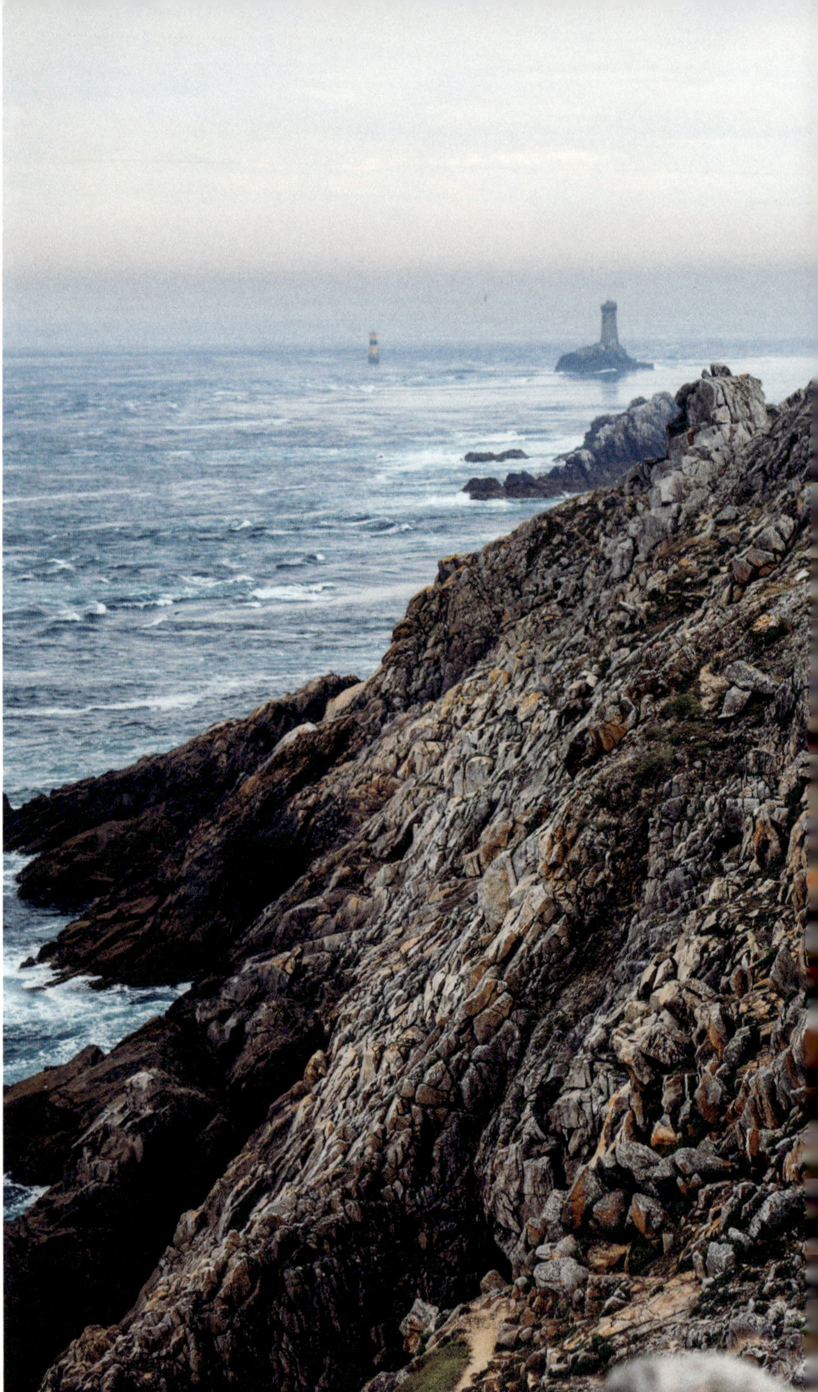

TEIL I

Was sind Intentionen?

Intentionen sind Absichten. Eine Art inneres Bestreben, das dich dazu auffordert, deinen eigenen Weg zu gehen, den Weg, der für dich bestimmt ist; der dir guttut und zu dir gehört. Ich vergleiche Intentionen sehr gern mit der Symbolik des Leuchtturms. Ein Leuchtturm scheint hell und klar. Er scheint über weite Distanzen hinweg. Er vermag den dicksten Nebel zu durchdringen, hat seinen eigenen Rhythmus, steht da, egal wie stürmisch und furchterregend die Naturgewalten sind. Er ist ein Orientierungspunkt, ein Symbol der Hoffnung und des Lichts.

Du musst deinen eigenen Leuchtturm entdecken, wenn du ankommen willst; wenn du nicht das Gefühl haben möchtest, dass du vom Leben gelebt wirst. Wenn du willst, dass deine Innenwelt im Einklang mit deiner Außenwelt ist, musst du dich auf den Weg machen, auf der Suche nach deinem eigenen Leuchtturm. Diesen Leuchtturm findest du nicht im Außen, sondern nur in deinem Innersten. Intentionen helfen dir dabei. Sie fordern dich dazu auf, dir folgende Fragen zu stellen: »Was will ich? Ich, nicht mein Partner, nicht mein Kind, nicht mein Arbeitgeber, nicht meine Freunde, nicht meine Eltern, ICH. Was will ich? Und was brauche ich, damit ich meinen Lebenssinn finde?« Denn das ist das Ziel. Und indem du diese Fragen beantwortest, immer und immer wieder, entdeckst du deinen Leuchtturm. Du kommst ihm Tag für Tag ein Stück näher. Siehst ihn immer klarer, bis du bei ihm angekommen bist – und somit auch bei dir.

Der Leuchtturm - ein Orientierungspunkt
im Dickicht des Alltags

Höchstwahrscheinlich wird es ab und zu Umwege geben. Vielleicht kommst du vom Weg ab. Verlierst dich in der Weite des Meeres. Doch schlussendlich macht das nichts aus. Denn dein Leuchtturm scheint tagein, tagaus. Und wenn du dich auf dich zurückbesinnst, auf dein Innerstes, kommst du zurück zum Weg; siehst das Leuchten plötzlich von fern und weißt, du bist zu Hause.

Das Beispiel des Leuchtturms passt so wunderbar zur Kraft der Intention, weil die Intentionen für dich ein Orientierungspunkt in deinem Leben sind. Wir wissen ja, dass der Alltag uns viel zu schnell einholen kann. Was wir uns vorgenommen haben, wird verschluckt, taucht unter, und plötzlich sind wieder Wochen, Monate oder sogar Jahre vorbei. Mit der Kraft der Intention passiert dir das nicht mehr, oder sicher weniger. Denn du hast einen fixen Orientierungspunkt. Dieser Orientierungspunkt ist für dich enorm wichtig, er ist dein Kompass. Nach ihm richtest du dich aus. Die Natur, ihr Rhythmus, begleitet dich dabei. Sie stellt sicher, dass du fokussiert und zielgerichtet deinen Weg gehst, jedoch ohne dich zu verausgaben, sowie immer ohne Druck oder Stress. Denn diese Eigenschaften kennt die Natur nicht. Sie begleitet dich einfach mit ihrem wohlwollenden Takt und stellt dabei sicher, dass du ankommst.

Ich habe mich oft gefragt, wieso ich nicht schon vorher diesen Rhythmus für mich entdeckt habe. Einiges wäre wohl einfacher gewesen, und doch weiß ich, dass alles seine Richtigkeit hat. Denn es braucht diesen Punkt im Leben, an dem man mit dem Rücken zur Wand steht und weiß: Jetzt muss ich etwas ändern. Ich bin dankbar für diesen Wendepunkt. Denn er hat mich dahin geführt, wo ich heute stehe; an dem ich mit offenem Herzen und voller Freude die zwei wichtigen Fragen beantworten kann: »Was will ich? Und: Was brauche ich, damit es mir gut geht?«. Das Schönste dabei ist, dass sich mein Leben auch genauso anfühlt. Mein Leben ist im Einklang mit meiner Innenwelt. Ich wage zu behaupten, dass man sich selbst kein schöneres Geschenk machen kann. Und ich wage noch etwas zu behaupten: dass wir alle dazu fähig sind, diesen Punkt zu erreichen.

Müsste es nicht so sein, dass diese Fragen leicht und offenen Herzens beantwortet werden? Leider ist es nicht so. Es gibt viele Gründe, warum es nicht möglich ist.

Zum einen: Wir kommen gar nicht dazu. Wir sind oftmals so gefangen in unserem Alltag, dass wir uns erst gar nicht die Gedanken machen. Wir glauben zwar, dass wir ein selbstbestimmtes Leben führen, doch das stimmt nicht. Selbstbestimmt heißt nicht, die Auswahl des Menüs 1 oder 2 in der Kantine bestimmen zu können. Selbstbestimmt heißt auch nicht, entscheiden zu können, welche Klamotten wir heute anziehen wollen. Selbstbestimmt heißt eigenständig. Nach eigenem Willen. Und vor allem eigenverantwortlich. Es ist die Verantwortung für deinen eigenen Willen. Wie viele von uns glauben, dass sie den Job haben, den sie haben, weil sie auch den dazu passenden Lebenslauf haben? Oder, dass sie sich die dringend nötige Auszeit nicht gönnen können? Egal was dich davon abhält, deinem Herzen zu folgen, schlussendlich ist es, weil wir oftmals einfach funktionieren. Immerzu. Und ganz nebenbei zieht das Leben an uns vorbei.

Zum anderen: Es ist schwer, diese Fragen zu beantworten, zu wissen, was du willst. Entweder du steckst so tief in deinem Leben fest, dass du gar nicht mehr die Perspektive einnehmen kannst herauszufinden, was du wirklich willst. Oder du bist komplett überfordert von der immensen Auswahl an Möglichkeiten. Eingeschüchtert von der Verwirklichungsqual bleibst du oftmals lieber beim Jetzt; bleibst lieber dort stehen, wo du bist, weil das bekannt ist und deshalb auch gut. Es reicht, es geht dir ja nicht schlecht. Und wenn du dein Leben mit all den anderen Menschen auf diesem Planeten vergleichst, dann darfst du dich erst recht nicht beklagen. Wieso muss es immer mehr sein?

Nun, meine Meinung dazu ist: Es muss nicht immer mehr sein. Es sollte einfach das sein, was du willst. Vielleicht ist das gar nicht mehr. Vielleicht ist es einfach etwas ganz anderes. Und wenn nicht du, wer dann? Wenn nicht du, hier in Europa; in der Schweiz, Österreich oder Deutschland – es ist schlussendlich egal wo. Du hast die Möglichkeiten. Meine Eltern haben mir immer wieder gesagt: Susana, es ist ein Privileg, dass du zur Schule gehen kannst, dass du studieren kannst. Nutze es, mach was draus. Und ich sage nun: Es ist ein Privileg, dass du hier bist, wo du gerade stehst. Es ist ein Privileg, dass du dieses Leben hast. Auch wenn es sich gerade nicht gut anfühlt. Mach was draus, beantworte dir diese Fragen. Wage dich Schritt für Schritt an die Antworten heran. Tu es – für dich. Aber auch für alle anderen, die diese Möglichkeit nicht haben.

Der letzte Grund, wieso du dir diese Fragen nicht beantwortest, ist die Angst. Was, wenn du die Antwort auf die Frage gar nicht hören willst? Was, wenn es heißt, dass du dein Leben verändern musst? Was, wenn es heißt, dass es Konsequenzen in Kauf zu nehmen gilt? Ich kenne diese Angst. Ich war verheiratet und bin nun geschieden. Weil ich

Stürme gehören im Leben dazu. Doch danach
ist die Luft wunderbar rein und klar.

ehrlich zu mir selbst war. Weil ich zur Erkenntnis gelangte, dass dies
nicht das Leben ist, das ich führen will, nicht das Leben, das mir entspricht. Solche Antworten sind hart. Sie tun weh. Nicht nur dir. Auch
anderen. Und das macht Angst. Das ist nachvollziehbar. Doch vielleicht
hilft dir dieses Bild: Wenn du nicht ehrlich zu dir selbst bist, basiert
dein ganzes Leben auf einem Fundament, dass nicht stabil ist. Wenn

die Ursprungsdaten schon falsch gestimmt sind, dann wirst du niemals bei deinem Leuchtturm ankommen. Dann irrst du dein ganzes Leben lang auf offener See herum und hast jedes Mal das Gefühl, verloren zu sein. Dieses Gefühl wünsche ich niemandem. Deshalb ist Ehrlichkeit so wichtig. Sie ist dein Fundament. Darauf baust du dein Leben auf. Das sind deine Daten. Setze diese richtig. Und noch etwas: Ehrlichkeit befreit; auch wenn du Angst hast. Es muss ja nicht gleich eine Trennung sein. Manchmal haben wir auch Angst vor ganz kleinen Veränderungen. Doch jedes Mal, wenn du ehrlich bist, kommt dies einem Befreiungsschlag gleich. Vielleicht hat es kurz danach heftig gestürmt; getobt und gewütet. Doch nach jedem Sturm, wirklich nach jedem Sturm, ist die Luft wunderbar klar und rein. Und das ist ein Gefühl, das ich mir für dich wünsche.

Deshalb: Fang schon heute damit an, dir die Fragen zu stellen: »Was will ich und was brauche ich, damit es mir gut geht?« Sei ehrlich. Sei nachsichtig mit dir, auch wenn du sie nicht gleich beantworten kannst. Setze dich damit auseinander. Lass sie in dir wirken.

25

TIPPS, UM DEINE INTENTIONEN ZU FINDEN

TIPP 1

Fokussiere dich nicht auf das Was, sondern wie es sich anfühlen soll. Stell dir vor, du würdest mir von deinem Leben erzählen. Dem Leben, das du wertvoll und bereichernd findest. Wie würde es sich anfühlen? Wie würde es aussehen? Welche Bilder kommen dir in den Sinn? Soll es lebendig sein? Möchtest du frei sein? Wo möchtest du dich freier fühlen? Im Beruf? In deiner Kreativität? Drehen wir die Frage einfach um. Statt »Was will ich?« fragst du dich einfach: »Wie will ich, dass sich mein Leben anfühlt? Wie soll es aussehen, sich anfühlen, damit es mir gut geht?« Als Ich vor Jahren

den Schritt in die Selbstständigkeit wagen wollte, war ich
mir nicht sicher, wie sie denn aussehen sollte, diese Selbstständigkeit. Ich wusste einfach, ich wollte frei sein. Ich wollte nicht mehr jeden Tag von der Kita zur Arbeit hetzen. Ich
wollte nicht mehr zu fixen Arbeitszeiten im Büro sein. Ich
wollte frei sein und für mich arbeiten. Also war dieses Gefühl
von Freiheit über Monate hinweg meine Intention, und langsam kristallisierte sich auch das Wie heraus. Doch das konnte ich nur sehen, indem ich offen blieb. Ich definierte nicht
gleich von Anfang an, wie mein Leben auszusehen hatte. Ich
definierte nur das Gefühl, dass ich dabei empfinden wollte.

TIPP 2

Versuche, deinen Kopf auszuschalten, und aktiviere dein
Herz. Stell dir vor, dein Herz beantwortet diese Fragen. Achte dann auf die Signale in deinem Körper. Schließe die Augen, wenn dir das hilft, und stell dir visuell diese Fragen vor.
Wie reagiert dein Körper? Wo fühlst du eine Reaktion? Auf
der Brust? Im Hals? In den Schultern? In der Bauchgegend?
Werte nicht, beobachte einfach. Nimm das Gefühl wahr, und
versuche zu eruieren, was es dir sagen will. Meistens weisen
uns Körpersignale darauf hin, wo es etwas zu ändern gilt.
Beispiel: Ein Druck auf der Brust bedeutet oft, dass du dich
eingeengt fühlst. Du spürst einen Druck. Versuche, wohlwollend herauszufinden, wo dieser Druck stattfindet. Taste dich
langsam heran und definiere daraus, was du willst; oder was
du brauchst, damit der Druck sich löst.

TIPP 3

Nimm einen Sparringspartner dazu. Frage jemanden in deinem nahen Umfeld, einen Spaziergang mit dir zu machen.
Bitte die Person, dir die Fragen zu stellen. Wenn du sie nicht

gleich beantworten kannst, dann versuche zu beschreiben. Versuche, über die Gefühlswelt zu gehen. Beschreibe auch, wie dein Körper auf diese Fragen reagiert. Die Person soll achtsam dir gegenüber sein. Sie soll dich einladen, die Fragen zu beantworten, aber sie darf sie nicht werten. Informiere sie über diese Bedingung. Denn sonst gehst du das Risiko ein, dass du dich verschließt, »zumachst«. Wichtig ist auch, dass du absolutes Vertrauen in diese Person hast, denn oft sind wir blockiert, unsere innersten Wünsche und Ziele zu formulieren, weil wir den Mut noch nicht dazu haben. Mit Betonung auf »noch«. Zudem ist es wichtig, dass die Person auch einfach die Stille aushält. Sie soll die Fragen stellen und danach still sein. Die Frage soll in dir wirken. Durch das Laufen und die frische Luft ist dein Geist abgelenkt, so ist es einfacher für dich, dich zu öffnen.

TIPP 4

Beginne mit einem Tagebuch. Seitdem ich meine Gedanken, Gefühle und Eindrücke in einem Tagebuch schriftlich verarbeite, bin ich viel klarer. Das Tagebuch ist für mich meine tägliche Dosis »Psychohygiene«. Ich schreibe immer dann, wenn der Kopf zu voll ist, oder irgendein Gefühl mir etwas sagen will, ich aber noch nicht klar sehe, was. Beim Schreiben ist es wichtig, ohne Druck einfach das aufzuschreiben, was dir gerade in den Sinn kommt. Ohne Agenda, ohne chronologische Abfolge oder Logik. Es sind deine Gefühle; die sind einfach. Das Schreiben ist ein Ventil, diesen Gefühlen Ausdruck zu verleihen. Es geht demzufolge um das Ventil – nicht um das Resultat. Es soll dir eine Stütze sein, um klarer zu sehen. Nutze dieses Werkzeug immer dann, wenn dir danach ist. Probiere es ein paar Mal aus, mit der Zeit nimmst du es automatisch dann zur Hand, wenn du es brauchst.

Wie du Intentionen für dich setzen kannst

Du hast nun ein paar Tipps erfahren, wie du deine Intentionen definieren kannst. Versuche, so oft es geht, dir diese Fragen zu beantworten. Sei aber auch wohlwollend und nachsichtig dir selbst gegenüber, wenn deine Lebensumstände es dir nicht immer erlauben. Das Wichtigste ist, dass du es immer wieder versuchst, und dir Platz für dich und deine Intentionen schaffst.

Nun kommen wir wieder zurück zu den Fragen vom Anfang. »Was willst DU? Was brauchst du, damit es dir gut geht?«. Es kann sehr kraftvoll und auch hilfreich sein, wenn wir genau wissen, wie unser Leben auszusehen hat. Doch oft habe ich die Erfahrung gemacht, dass es auch einschränkend sein kann. Wenn wir zu klar definieren, was wir wollen, lassen wir alles Gute, das auch in unser Leben kommen kann, draußen stehen. Wir sind nicht offen dafür, denn unser Fokus ist zu stark nur auf das Eine gerichtet. Ich möchte dich nicht verwirren. Definiere deine Intentionen – unbedingt. Doch lass auch immer einen gewissen Spielraum offen.

Es ist deshalb in Ordnung, wenn du nicht gleich eine klare Antwort auf diese wichtigen Fragen hast. Wenn ja, super. Und wenn du es nicht klar definieren kannst, auch gut. Dann bestimme ganz konkret die Gefühle, wie sich dein Leben anfühlen soll. Das ist ein guter Ansatzpunkt, um mit Intentionen zu starten. Du kannst übrigens auch eine Kombination von beiden Möglichkeiten umsetzen. Vielleicht weißt du bei einem Thema schon recht klar, was eine gute Wirkung auf dich hat. Und bei einem anderen Thema ist es noch vage und unklar. Auch das ist in Ordnung.

Gib dir die Zeit und den Raum, den es braucht. Du bist ja erst am Anfang. Deine Reise hat erst begonnen. Du wirst sehen, mit der Zeit verändern sich auch deine Intentionen. Du entwickelst dich weiter. Manche begleiten dich über Jahre hinweg, werden genauer, klarer. Andere verschwinden, werden zur Realität oder dein Fokus verändert sich. Geh mit. Geh mit deinem eigenen Wachstum mit. Beobachte, schaue und freue dich an allen Impulsen, die du bekommst.

Zwei hilfreiche Techniken, die eigenen Intentionen zu
manifestieren: sie zu illustrieren oder aufzuschreiben

Wieder zurück zu den Fragen respektive den Antworten: Intentionen
setzen heißt nichts anderes, als deine Wünsche, Ziele und Absichten zu
definieren. Das geht am besten, indem du sie aufschreibst. Ich verwen-
de dabei zwei Techniken, ich nutze mein Tagebuch und manifestiere es
dann auch illustrativ auf Papier. Das geht so:

Als Aufwärmübung empfehle ich dir, im Vorfeld in deinem Tagebuch all deine Gedanken aufzuschreiben, welche du in Verbindung mit
deinen Intentionen hast. Das Aufschreiben hilft oftmals, klarer deine
Intentionen zu sehen, zu fühlen. Wenn du soweit bist, dann nimm ein
neues Blatt Papier und liste sie dir noch einmal ganz klar auf. Eine Intention nach der anderen. Stelle sicher, dass du genügend Zeit und
Raum für deine Intentionen hast. Indem du deine Intentionen setzt,
verbindest du dich mit deinem Herzen und deiner Intuition. Für mich
sind das sehr achtsame Momente. Denn es ist wichtig, dass du deine
Intentionen richtig fühlst. Sie sollen sich stimmig anfühlen. Achte jedoch auch darauf, dass du dich nicht verkrampfst. Du tust es für dich.
Es sind achtsame und wertvolle Momente, doch sie dürfen keinen
Druck erzeugen. Wenn du einen Druck verspürst, lass los. Konzentriere
dich auf deinen Atem. Schließe die Augen. Entspann deine Schultern.
Nimm tief Luft und atme wieder ganz tief und bewusst aus. Solange bis
du entspannter bist.

ÖFFNE EINEN RAUM FÜR DEINE INTENTIONEN

Das Setzen von Intentionen ist etwas ganz Wunderbares und Schönes. Es ist dein Licht, dass du zum Leuchten bringst. Es darf und soll pure Freude und Spaß dabei sein. Es soll etwas sein, worauf du dich jedes Mal freust. Denn du manifestierst dadurch ja das Leben, dass du dir für dich wünschst. Vielleicht hilft es dir, vorher eine Kerze anzuzünden. Sie symbolisiert dein Licht, das hervorkommen soll. Diese kleine Handlung ist wie ein Ritual, welches das Intentionensetzen einläutet. Du gibst dir selbst damit das Zeichen und die Erlaubnis, dich nun für deine Intentionen zu öffnen. Wenn du fertig bist, löschst du die Kerze und schließt diesen achtsamen Raum wieder. Es hilft, dich besser auf deine Intentionen zu konzentrieren.

31

Notiere dir zu deinen Intentionen auch das Datum. Für mich gibt es nichts Schöneres, als wenn ich im Nachhinein meine alten Tagebücher durchblättere und sehe, wie ich mich über all die Jahre entwickelt habe. Wir sehen oftmals unsere Fortschritte kaum und honorieren sie noch viel weniger. Deshalb ist es wertvoll, wenn wir immer wieder Rückschau halten und sehen, was wir schon alles erreicht haben. Die größten Schritte geschehen still und leise. Sie sind nicht sichtbar, denn sie geschehen in uns drinnen. Erst im Nachhinein, wenn die wichtigsten Hebel gesetzt wurden, manifestieren sie sich auch im Außen.

Wenn du alle Intentionen aufgeschrieben hast (es gibt hier keine Limitierungen, überfordere dich einfach nicht), schau sie dir an. Lies sie in Ruhe nochmals durch. Lass sie in dir wirken. Und dann nimm ein großes neues Blatt Papier und gestalte sie illustrativ auf diesem Blatt. Du kannst das in Form einer Mindmap machen oder mit Zeichnungen,

Skizzen, Gedichten, Bildercollagen, Naturgegenständen etc. Du bist darin komplett frei. Es soll dir Spaß machen und eine Art »Zelebrieren« deiner Intentionen sein. Wenn dir dies weniger zusagt, ist es auch in Ordnung. Du tust es ja für dich. Ich mache das zum Beispiel nicht jedes Mal. Ich habe nicht immer Lust oder den Raum dazu. Doch manchmal packt es mich und dann tut es unglaublich gut. Die Intentionen werden neben dem Aufschreiben durch das Illustrieren nochmals gelebt. Das hat immer auch eine tiefere Wirkung.

Einige meiner vergangenen Intentionen können dir zeigen, wie Intentionen aussehen können:

»Ich bin ein Leuchtturm. Ich inspiriere die Menschen, ihren grundeigenen Weg zu gehen.«

»Ich bin grenzenlos.«

»Ich bin authentisch und echt.«

»Ich bin im Rhythmus. Ich achte meine Kräfte.«

»Ich bin achtsam und präsent.«

»Ich bin eine erfolgreiche Buchautorin. Meine Bücher inspirieren Menschen weltweit.«

»Ich lebe in der Bretagne.«

Ich hoffe, meine sechs wichtigsten Erkenntnisse, ergänzt mit Beispielen aus meinem Leben, helfen dir, deine Intentionen mutig und voller Vertrauen zu setzen.

SEI MUTIG

Vielleicht denkst du nun, andere haben Mut, doch du nicht. Da bin ich anderer Meinung, Mut haben wir alle. Denn der Mut ist in unserem Herzen zu Hause. Wir haben nur verlernt, an ihn zu glauben. Hör in dich hinein. Schließe die Augen und hör auf dein Herz, wenn es um deinen Wunsch, deine Vision geht. Was wünschst du dir? Was ist es, das dich nährt, dich wachsen lässt, dir Flügel verleiht? Wie soll dein Leben aussehen? Hör gut hin, hör deinem Herzen zu. Es spricht zu dir. Denn der Mut ist dazu da, all das ins Rollen zu bringen, was dein Herz dir immer wieder zuflüstert. Dazu ist er da, deshalb haben wir ihn. Es ist sein Job, für dich aktiv zu werden. Also nimm ihn bitte auch in Anspruch. Der Mut ist dazu da, gelebt zu werden. Mutig sein kannst du immer. Immer dann, wenn es nötig ist. Immer dann, wenn du für dich, deine Liebsten oder auch sonst für deine Mitmenschen einstehen willst. Sei mutig. Lebe deine Träume.

--- Ein Beispiel aus meinem Leben

Als ich kurz davor stand, mich selbstständig zu machen, hatte ich große Zweifel und auch Angst. Ich spürte zwar, der Zeitpunkt war gekommen, diesen Schritt zu gehen. Doch neben der Angst vor den finanziellen Konsequenzen hatte ich auch noch Angst vor etwas anderem: zu sagen, was ich bin. Ich wusste es selber nicht so genau. Was war ich denn? Ein Coach? Eine Inspiration? Eine Begleiterin? Wenn mich die Leute in meinem Umfeld fragten, wie ich denn mein Geld verdienen wollte, so war ich unschlüssig, was ich ihnen sagen sollte. Ich hatte einen Buchvertrag, doch machte mich das schon zu einer Autorin? Ich schrieb Blogartikel und verdiente damit Geld. War ich deshalb eine Bloggerin? Ich wusste einfach, ich hatte diese tiefe Liebe zur Natur. Ich fühlte mich so verbunden mit ihren Kreisläufen, ihrer Weisheit, ihrer Botschaft. Doch ich hatte nicht den Mut, in meine Größe zu gehen und das auch frei heraus zu kommunizieren. Was würden denn die Leute sagen, wenn sie das hörten? Würden sie mich in eine esoterische Ecke verfrachten? Was würden meine Freundinnen sagen, meine ehemaligen Arbeitskollegen, meine Familie? Wer war ich denn?

Ein Gespräch mit einer lieben Freundin gab mir den fehlenden Ruck. Ich weiß noch genau, ich war von Zweifeln geplagt. Insgeheim hatte ich den tiefen Wunsch, Autorin zu sein. Nicht nur von einem Buch, nein, von mehreren. Ich wollte anhand der Bücher Tausende von Menschen inspirieren, mit der Natur ihren eigenen Rhythmus zu finden. Ich wollte sie dazu inspirieren, dass sie ihren grundeigenen Weg entdecken, mit der Unterstützung der Natur und ihrer Kräfte. Ich sagte zu meiner Freundin: »Aber ich bin doch gar keine Autorin. Wie kann ich denn sagen, dass ich das bin?« Und sie schaute mich nur verständnislos

an und meinte: »Natürlich bist du eine Autorin, Susana. Was denn sonst? Du hast einen Buchvertrag. Du verdienst Geld, indem du Texte für Unternehmen schreibst. Du hast einen Blog und inspirierst deine Newsletter-Abonnenten jeden Monat. Was bist du denn, wenn nicht Autorin?« Ich schaute sie erstaunt an. Sie hatte Recht. Und ehrlich gesagt, wären die Rollen vertauscht gewesen, hätte ich ihr genau das Gleiche gesagt. Doch bei mir setzte ich die Messlatte viel höher und war viel strenger. Ich konnte mir nicht eingestehen, dass ich das war, was ich mir auch wünschte.

Dieser Moment war für mich ein Wendepunkt. Ich hatte zwar auch Wochen, ja sogar Monate später noch Mühe damit, es laut auszusprechen: »Ich bin eine Autorin«. Ich meinte jedes Mal, ein Donnerschlag würde dabei über mich hereinbrechen und mich abstrafen für meine Unverfrorenheit. Natürlich geschah das nicht. Doch es war spannend zu sehen, wie lange diese Limitierung, dieser Glaubenssatz noch in mir nachhallte. Auch jetzt, wo ich dabei bin, dieses Buch zu schreiben, regiert noch immer eine kleine Unsicherheit in meinem Innersten. So sind wir, wir Menschen. Doch wir können mit sehr viel Wohlwollen, aber auch Willen, diese Einschränkungen Schritt für Schritt überwinden. Mit der Kraft der Intentionen klappt das ganz gut.

SEI EHRLICH

Schon wieder komme ich mit der Ehrlichkeit. Doch sie ist nun mal wichtig, wenn es um deine Intentionen geht. Ich habe die Erfahrung gemacht, dass du nie vor dir selber flüchten kannst. Du kannst darüber hinwegschauen, du kannst sie verdrängen, du kannst sie auch überspielen, doch deine eigene Wahrheit wird immer da sein. Solange du lebst, ist sie da. Je früher du dich ihr stellst, desto einfacher wird es, dich deiner eigenen Wahrheit gegenüber zu öffnen.

Auch Erwartungen hindern dich daran, ehrlich mit dir selbst zu sein. Das können Erwartungen deiner Familie, deiner Eltern, deines Partners, deines Kindes, deiner Nachbarn, deiner Freunde – oder Erwartungen von dir sein. Erwartungen engen ein. Erwartungen können selten erfüllt werden, da Erwartungen von außen kommen. Sie gehören nicht zu dir. Sie werden dir auferlegt und sind deshalb nicht gut für dich. Auch wenn es dein Umfeld sogar gut mit dir meint, sind Erwartungen schlussendlich nur Ketten. Ketten, die dich daran hindern, frei und gelöst den Weg zu gehen, der zu dir gehört.

Überlege dir deshalb gut bei deinen Intentionen, ob sich vielleicht Erwartungen eingeschlichen haben. Was würdest du dir wünschen, wenn du komplett frei wärst? Wenn dein ganzes Umfeld nicht bei dir wäre? Wenn du komplett losgelöst wärst, von allem, was wäre dann dein Wunsch? Was würdest du für dich wollen? Wo würde es dich hinziehen? Wie würde sich dein Leben anfühlen? Geh mit gutem Beispiel voran. Geh deinen Weg, löse dich sanft aus Verstrickungen. Es ist so wertvoll und unglaublich wichtig, sich diesen Fragen zu stellen. Ehrlich zu sein. Denn Ehrlichkeit befreit.

− − − Ein Beispiel aus meinem Leben

Als ich mit meinem Sohn schwanger war, wusste ich, dass ich mich nach dem Mutterschutz selbstständig machen wollte. Ich wusste zwar noch nicht genau, wie und mit was, aber dieser innere Wunsch wurde immer stärker. Ich hatte damals noch keinen Buchvertrag und auch keine eigene Homepage, keinen Blog, nichts. Ich hatte einfach dieses starke Gefühl, dass der Zeitpunkt bald kommen würde. Ich ließ diesen Wunsch wirken. Während der kommenden Monate sowie auch nach der Geburt begleitete er mich. Ich sprach mit niemandem darüber, denn ich hatte keine Lust, mich zu erklären. Es würden sogleich Fragen auftauchen: »Wie willst du das machen mit einem kleinen Kind? Wie soll das denn gehen? Mit was willst du Geld verdienen? Hast du denn überhaupt genügend Startkapital?« Ich wusste, mein erster wichtiger Schritt war, meinen Lebenspartner und Vater meines Sohnes darüber zu informieren. Während eines gemeinsamen Spaziergangs im Wald traute ich mich, ihm meine Pläne mitzuteilen. Ich war sehr nervös, denn ich hatte Angst vor seiner Reaktion. Nicht, dass er mich bis dahin nicht in allem unterstützt hatte. Es ging vielmehr um meinen zarten Traum, den ich bis dahin geschützt und in mir geheim gehalten hatte. Ich wusste nicht, ob ich selbst schon so weit war, damit rauszukommen. Ehrlich zu sein. Mitzuteilen, was ich wirklich wollte und mir wünschte.

Er hörte mir aufmerksam zu und war überhaupt nicht erstaunt über meinen Wunsch. Wie er so ist, blieb er total ruhig und gelassen und wollte von mir wissen, wie ich es denn angehen wolle. Für mich war klar, dass ich alles mit ihm teilen wollte. Nicht nur die emotionale Verantwortung, sondern auch die finanzielle. Ich wollte genauso meinen Beitrag zu unserem Leben leisten wie er und war deshalb darauf angewiesen, dass ich nach dem Mutterschutz Geld verdienen würde. Wir vereinbarten, dass wir uns deswegen aber nicht stressen wollten, und wir zum gegebenen Zeitpunkt eine Lösung finden würden. Ich hatte noch Erspartes, welches ich dazu nutzen wollte, meine Mutterschutzzeit um ein paar Monate zu verlängern. Ich wollte nicht gleich nach 15 Wochen zurück in die Arbeitswelt. Ich war so erleichtert über seine Reaktion.

Im Nachhinein bin ich immer wieder erstaunt, wie hoch unsere eigenen Hürden sind, wenn es um die Ehrlichkeit geht. Der ganze innere Stress wäre gar nicht nötig gewesen, doch auch das ist wieder eine Erkenntnis, die ich nur gewinnen konnte, indem ich sie erlebte. Das Gespräch mit meinem Partner gab mir den Mut, auch in meinem näheren Umfeld darüber zu sprechen, so auch mit einer sehr guten Freundin von mir. Ein paar Monate später kam sie auf mich zu und fragte mich, ob ich nicht ihre Mutterschaftsvertretung übernehmen wollte. Sie war schwanger und würde bald in den Mutterschutz gehen. Auch wollte sie noch ein paar Wochen verlängern, was schlussendlich eine befristete Stelle von sieben Monaten ausmachen würde. Ich war zuerst nicht sicher, da sie in einem anderen Bereich arbeitete als ich. Doch sie meinte, das sei kein Problem für mich und ich würde mich da schon einarbeiten können.

Zwei Wochen später hatte ich ihr Team und ihren Vorgesetzten kennengelernt und der Deal war unter Dach und Fach. Ich sollte im September eine Fünfzigprozentstelle antreten, befristet für sieben Monate. Ich konnte mein Glück kaum fassen. Ich wusste, das würde mir den nötigen Raum geben, alles nebenbei vorzubereiten. Ich hatte eine spannende und gut bezahlte Stelle. Die Karten lagen offen auf dem Tisch. Das Unternehmen wusste, ich wollte mich danach selbstständig machen, und ich wusste, die Stelle war besetzt. Ich konnte ehrlich sein. Was für ein tolles und befreiendes Gefühl! Ich bin mir sicher, hätte ich nicht den Mut gehabt, ehrlich zu sein, zu mir, meinen Liebsten und meinem Umfeld, hätte ich diese Gelegenheit verpasst.

Das Leben unterstützt dich auf deinem Weg. Du musst dich jedoch auch dafür öffnen und deine Signale sichtbar machen.

GEH IN DEINE GRÖSSE

In der eigenen, wahren Größe zu sein, ist ein unbeschreibliches Gefühl. Ich meine damit weder Hochmut, Arroganz noch Anmaßung, sondern einen Zustand stiller Würde. Menschen, die in ihrer Größe sind, kennen ihre Schatten. Sie kennen ihre Fehler, auch ihre Schwächen. Doch das macht sie nicht minder groß. Im Gegenteil: Es ist genau das, was sie so groß erscheinen lässt. Denn sie stehen da, in ihrer Fülle und sind dadurch ganzheitlich. In die eigene Größe zu gehen, heißt anzunehmen. Alles. Jeden Teil zu sehen und anzuerkennen. Die eigenen vermeintlichen Unzulänglichkeiten als wertvolle Erfahrungen zu honorieren. Keine Größe gleicht der anderen. Denn jeder Mensch ist einzigartig. Jeder Mensch hat sein ganz eigenes, spezielles Licht, das scheinen darf. Und dieses Licht scheint umso klarer, je stärker auch die Schattenseiten beleuchtet werden. Denn nur so entsteht Wachstum. Nur so entwickeln wir uns weiter. Du darfst in deine Größe gehen. Du solltest es sogar. Dazu bist du da: dein eigenes Licht hell und klar scheinen zu lassen. Als Leuchtturm. Für dich, für deine Liebsten, für alle, die das Licht brauchen. Je größer der Leuchtturm, desto weiter der Schweif. Und deshalb bitte ich dich, wenn du dich mit deinen Intentionen auseinandersetzt: Geh in deine Größe. Nimm ihn ein, diesen Raum, der dir zusteht. Du nimmst niemandem etwas dabei weg. Denn niemand anders als du kannst ihn füllen.

Es gibt noch einen anderen Grund, weshalb ich möchte, dass du in deine Größe gehst. Es gibt da diesen einen Moment, in dem du dir zugestehst, was du wirklich willst. Was du dir insgeheim wünschst. Deine Vision von deinem Leben. Du schreibst sie dir auf. Zelebrierst deine Vision durch ein Ritual. Du nimmst dir Zeit für deine Intentionen, illustrierst sie farbig und voller Freude und doch bleiben sie von dir fern. Du nimmst sie nicht für dich ein. Wieso nicht? Weil du insgeheim nicht daran glaubst. Weil du noch immer irgendwo tief in deiner Seelenlandschaft einen Haken hast. Ein Haken, der dich zurückhält. Der dich innerlich doch nicht an diese Vision glauben lässt. Vielleicht weil du so erzogen worden bist, dass die anderen so leben können, jedoch nicht du. Ein Satz, eine Erfahrung, ein Gefühl aus der Kindheit lässt eventuell auch heute noch zu, dass du dich klein hältst. Du glaubst vielleicht sogar, dass du halt so bist, wie du bist. Dass das schon in Ordnung ist, wenn du halt eher scheu, eher zurückhaltend, eher bescheiden bist. Schüchternheit, Zurückhaltung und Bescheidenheit können sehr gut und wunderbar gelebt werden und trotzdem kannst du in deine Größe gehen.

Es muss kein Entweder-oder sein. Es geht ein Sowohl-als-auch. Sind es nicht eher Ausreden, die du dir selbst auferlegt hast? Damit du in dem Glauben leben kannst, dass du nicht gleich leuchten musst wie die anderen? Ein Leuchten bedingt nicht immer gleich ein Stehen auf der Bühne. Du musst nicht im Rampenlicht stehen, wenn du nicht willst. Darum geht es nicht. Bei der Kraft der Intentionen geht es darum, DEIN Leuchten hervorzuholen. Und mit DEIN Leuchten meine ich deine Liebe, deine Leidenschaft, deine Begeisterung für was auch immer. Das ist das Leuchten, von dem ich spreche. Das soll hervorkommen. Vielleicht ist es schlicht und einfach, Musik zu machen. Vielleicht ist es, mehr Zeit in der Natur zu verbringen. Vielleicht ist es eine Weiterbildung. Vielleicht ist es, eine Familie zu gründen. Es kann so verschieden sein. Und doch ist eines gemeinsam: Indem du diese Wünsche lebst, lässt du zu, dass du scheinst. Hell und klar. Lass nicht zu, dass irgendetwas dich davon abhält, in deine eigene Größe zu gehen. Es gibt keinen einzigen guten Grund dazu; wirklich keinen.

--- Ein Beispiel aus meinem Leben

Im ersten Jahr meiner Selbstständigkeit musste ich einige meiner Workshops absagen, da ich zu wenig Teilnehmer hatte. Ich war immer wieder verunsichert, wusste jedoch, dass alles seine Zeit braucht. Meine Fotografin, die mittlerweile auch meine Freundin geworden war, fragte mich einmal bei einem Shooting, ob wir nicht zu zweit eine Weiterbildung anbieten wollten – ein mehrtägiges Seminar. Ich fand die Idee toll, denn ich liebte es, mit ihr zu arbeiten. Sie war immer so voller Energie, lustig und doch achtsam und liebevoll. Voller Begeisterung machten wir uns an die Organisation.

Ich hatte sogleich die Idee, den Workshop in meinem Lieblingshotel in der Schweiz durchzuführen. Die Direktorin des Hotels ist

40

Wenn wir uns dafür öffnen, ist die
Magie der Natur überall zu finden.

eine Freundin von mir. Wir hatten schon im Vorfeld zusammengearbei-
tet und ich wusste, die Teilnehmer des Workshops würden in ihrem
Hotel bestens aufgehoben sein. Also schrieben wir den Workshop aus
und warteten gespannt auf die ersten Rückmeldungen. Doch irgend-
wie verlief es zäh. Wir hatten zwar Anmeldungen, doch da wir zu zweit
waren, mussten es schon ein paar mehr sein. Ich wollte das Seminar
schon wieder absagen, doch die Hoteldirektorin ließ nicht locker. Sie
ermunterte mich, weiterzumachen und daran zu glauben, dass da doch
noch ein paar Anmeldungen kommen würden. Und so war es auch.

Wir führten den Workshop durch und ich gewann wohl eine meiner wertvollsten Erkenntnisse: nämlich, dass ich ganz einfach Angst vor dem Seminar hatte.

Wären meine lieben Freundinnen, die Fotografin sowie auch die Hoteldirektorin, nicht gewesen, hätte ich den Workshop abgesagt. Doch so musste ich ihn durchführen, was auch hieß, dass ich mein erstes Seminar zur Kraft der Intentionen durchführen konnte. Ich hatte schon vorher in unzähligen Situationen vor einer großen Gruppe referiert. Für mich war es jedoch ein großer Unterschied, über das zu sprechen, was ich war. Was tief in meinem Herzen war und hervor wollte: mein Glaube an die Kraft der Intention. Meine Werkzeuge, meine Erfahrungen. Das war etwas ganz anderes und es machte mir Angst. Als es dann soweit war und ich meinen ersten Part übernehmen sollte, kam eine unglaublich tiefe Ruhe in mir auf. Ich war plötzlich total entspannt, in mir ruhend, und vor allem fühlte ich mich unglaublich wohl. Ich füllte den Raum. Ich weiß gar nicht mehr, was ich genau sagte, nur noch, dass ich plötzlich eine Kraft in mir spürte. Ein Leuchten, das immer mehr hervorkam. Die Teilnehmer hörten mir aufmerksam zu, stellten viele Fragen und zeigten Interesse für das, was ich ihnen mitzuteilen hatte. Ich kann das Gefühl gar nicht beschreiben. Es war, als würde ich fliegen.

Ich bin unglaublich dankbar, dass ich gezwungen wurde, in meine eigene Größe zu gehen. Es ist so: Fasse den Mut, für das einzustehen, an was du glaubst. Für das, was du dir wünschst. Nur dann geschieht diese wunderbare Magie, dann werden Träume wahr.

WAS GUT FÜR DICH IST, IST AUCH GUT FÜR DEINE LIEBSTEN

Ich glaube an das Leben. Ich glaube daran, dass wir alle von einer Kraft begleitet werden. Nenn sie Universum, Spirit, Gott, der Name ist schlussendlich nicht wichtig. Wichtig ist, dass du sie spürst, diese Energie. Ich spüre sie jeden Tag. Ich spüre sie, wenn ich draußen in der Natur bin. Ich spüre sie, wenn ich in den Himmel schaue. Ich spüre sie, wenn ich an das Wunder der Geburt denke. Sie ist immer da, diese Kraft. Sie umgibt uns, umhüllt uns, verbindet uns. Es ist diese Kraft, die meinen Glauben bestärkt, dass alles, was gut für dich ist, auch gut für deine Liebsten ist.

Was hat das alles mit dir und deinen Wünschen und Zielen, den Intentionen, zu tun? Deine Intentionen sind deine sehnlichsten Wünsche, die sichtbar werden. Zuerst nur, indem du sie dir aufschreibst. Mit der Zeit sprichst du darüber. Stehst für dich und deine Wünsche ein. Und plötzlich entwickelt sich daraus eine Kraft. Eine Energie, die dich deinen Wünschen immer ein Stück näherbringt. Und genau dann kann es vorkommen, dass du innehältst; dass du erschrocken über die Möglichkeit, dass dein Traum Wirklichkeit werden kann, plötzlich alles zum Stehen bringst. Weil die Umsetzung deines Traums, das Werden, auch Konsequenzen für andere haben könnte.

Ich kenne das aus eigener Erfahrung. Als Mutter eines Sohnes und Begleiterin meines Lebenspartners stehe ich nie allein mit meinen Wünschen. Jede Handlung, jedes Vorantreiben eines Wunsches hat auch immer irgendwo eine Konsequenz für meine Liebsten. Möchte ich das? Ist es richtig, wenn auch sie plötzlich davon betroffen sind? Auch wenn es ein schöner Traum ist, ist es schlussendlich nicht ihr Traum. Es ist meiner, mein ganz persönlicher. Und hier kommen die Unsicherheit und der Zweifel ins Spiel. Denn vielleicht passt der Traum nicht ins Bild. Vielleicht hatte ich den Traum nur als fernen Wunsch und konnte mir selber gar nicht vorstellen, was das eigentlich genau heißt. Für mich und meine Liebsten.

Ich habe dir am Anfang des Buchs empfohlen, dir deine Intentionen so weit wie möglich offen zu lassen. Hier findest du eine Begründung dazu. Je offener du dir deine Intention lässt, umso flexibler bist du in der Umsetzung. Je starrer du wirst, desto schwieriger wird es auch für deine Liebsten, damit umgehen zu können. Doch wenn du mit Vertrauen deine Wünsche manifestierst und auch offen gegenüber dem Resultat bist, findet deine Intention einen Weg, der für alle stimmt. Denn alles, was positiv ist – alles, was Gutes bewirkt – findet den Weg. Alles, was dich zum Leuchten bringt, ist auch immer gut für deine Liebsten. Es geht gar nicht anders. Denn das Leuchten bringt Wärme. Es erhellt alles um dich herum und dieses Leuchten transformiert. Es birgt eine höhere Schwingung in sich. Eine Schwingung, die auch deine Liebsten bereichert. So habe Vertrauen in das Universum, in Spirit, Gott oder wie auch immer du es nennen magst. Habe Vertrauen, dass, was gut für dich ist, auch immer gut für deine Liebsten ist.

––– Ein Beispiel aus meinem Leben

Ein paar Wochen, bevor mein befristeter Job zu Ende war, wurde ich gefragt, ob ich nicht doch bleiben wollte. Nicht für die Arbeit meiner Freundin, doch es hatte ein paar Kündigungen gegeben und in einem anderen Team war eine Arbeitskollegin schwanger. Schon bald würde man auch für sie eine Vertretung brauchen. Ich war sehr dankbar für die Option und schätzte das Vertrauen, das man mir entgegenbrachte, doch ich wusste, jetzt war die Zeit da, meinen eigenen Weg zu gehen. Das stetige Pendeln von Luzern nach Zürich strengte an und ich hatte das Gefühl, wieder in diesem Hamsterrad gefangen zu sein, aus dem ich eigentlich hatte ausbrechen wollen. Trotzdem schlichen sich Zweifel ein, als ich absagte. War es richtig? War ich schon so weit? Konnte ich den Schritt wirklich wagen? Was, wenn mein Mann plötzlich die finanzielle Verantwortung übernehmen musste? War es egoistisch von mir, ihm das zuzumuten? Ich wusste es nicht. Ich musste es versuchen, um es herauszufinden.

Knapp ein Jahr später wusste ich es. Es zeichnete sich schon ein paar Wochen später ab, doch so richtig wurde es mir erst in der Retrospektive bewusst. Mein vermeintlicher Egoismus hatte uns unglaublich viel Ruhe in unserem Alltag geschenkt. Indem ich einen großen Teil meiner Arbeit von zu Hause aus erledigen konnte, war ich immer da. Ich konnte zwischendurch einkaufen gehen oder meinen Sohn früher von der Kita holen. Ich konnte länger schlafen, war ausgeruhter und entspannter. Und diese Ruhe wirkte sich auch auf meinen Sohn und meinen Partner aus. Für mich war klar, das war mein Weg. Und indem ich ihn ging, tat ich auch meinem Umfeld gut.

INTENTIONEN WIRKEN NUR BEI DIR

Deine Ziele und Wünsche, die Intentionen, sind Antworten auf die Fragen »Was will ich? Was brauche ich, damit es mir gutgeht?«. Diese Fragen kannst nur du dir beantworten und nur du kannst sie auch leben. Niemand anders als du. Das Leben ist ein Wechselspiel vom individuellen Sein zum kollektiven Sein. Wir sind alle miteinander verbunden und doch ist auch jeder für sich. Du allein bist für dich und dein Leben verantwortlich. Was du denkst, was du fühlst, manifestiert sich in deinem Leben. Jeder Mensch auf dieser Welt hat einen eigenen, individu-

Kraftorte in der Natur schenken
Klarheit und Weitsicht.

ellen Raum, den er füllen kann. Es liegt an ihm, wie er dies tut. Mit welchen Gefühlen, welchen Gedanken, welchen Taten, welchem Licht. All diese Räume sind miteinander verbunden, doch niemand kann in den Raum eines anderen Menschen gehen. Unsere physischen Körper sind getrennt, wir können uns zwar verbinden, verschmelzen und vereinigen. Doch schlussendlich ist es immer dein Körper, der bleibt und ist.

Und genauso ist es auch mit deiner Seele. Sie kann sich öffnen, verbinden, in Resonanz gehen mit anderen wunderbaren Seelen, doch schlussendlich ist es immer noch deine Seele. Deine Aufgabe. Dein Leben. Und genau das ist schlussendlich auch das Wunderbare am Leben. Wir haben die Macht und die Kraft, unser Leben schöpferisch zu gestalten. Wir können Unterstützung holen, Verbundenheit leben und Liebe schenken. Wir können alle zusammen Großes bewirken und eine Welt leben, die gut ist. Doch der Keim eines jeden Wunders beginnt bei dir. Und nur du kannst bei dir diese schöpferische Kraft aktivieren. Vielleicht kannst du inspiriert werden oder inspirieren. Doch auch hier sind es schlussendlich Impulse. Das Denken, das Fühlen, das Tun bleibt bei dir. Und genau deshalb können Intentionen auch nur bei dir wirken, bei keinem deiner Mitmenschen. So gut gemeint es auch ist, so stark die Liebe auch ist, so wohlwollend deine Intentionen auch sein können. Es sind deine Intentionen. Sei dir dessen bewusst, wenn du für dich deine Intentionen definierst und setzt. Schau sie dir gut an und bedenke immer, dass du nur bei dir schöpferisch sein kannst.

Versteh mich bitte nicht falsch. Das heißt nicht, dass du keine Verantwortung übernimmst für deine Kinder und Mitmenschen. Im Gegenteil. Fürsorge, Mitgefühl, Liebe und Achtsamkeit sind Pfeiler unserer Gesellschaft oder sollten es auf jeden Fall sein. Doch die Manifestation der eigenen Wünsche, das Erkunden und Leben des eigenen schöpferischen Potenzials kann immer nur jeder für sich. Alles andere wäre übergriffig. Hab Vertrauen in die Geschicke des Universums und konzentriere dich auf dich und auf das, was du bei dir bewirken kannst.

− − − Ein Beispiel aus meinem Leben

Für unsere Liebsten wünschen wir uns immer nur das Beste. Das war auch bei meinem Vater so. Mein Vater ist seit einigen Jahren an Prostatakrebs erkrankt. Es war keine schlimme Diagnose, man hatte es frühzeitig erkannt. Er wurde zuerst bestrahlt, was den Krebs für ein paar Jahre im Zaum hielt. Als bei einer Untersuchung wieder Krebszellen entdeckt wurden, entschied er sich für eine Operation. Wir alle waren zuversichtlich, wussten wir doch, dass dies ein einfacher Eingriff sein würde. Mein Vater war zwar schon über siebzig Jahre alt, doch man sah es ihm nicht an. Er war vital, fit und ein positiv denkender Mensch. Leider verlief die Operation nicht wie gewünscht. Die Krebszellen konnten entfernt werden, doch der Heilprozess verlief sehr langsam und sein Zustand verschlechterte sich von Tag zu Tag. Er hatte Schmerzen, war seinem Harndrang hilflos ausgeliefert und wollte nicht mehr aus dem Haus. Mein Vater, der am liebsten den ganzen Tag draußen im Garten und auf dem Feld war, der ein sehr geselliger Mensch war und immer ein Lächeln auf dem Gesicht hatte, war zu einem Schatten seiner selbst geworden.

Ich war verzweifelt. Zum einen tat es mir unglaublich weh, ihn so zu sehen, zum anderen konnte ich nichts tun. Ich wusste, das Wichtigste war sein Glaube daran, dass er wieder gesund werden würde. Wenn er selber nicht daran glaubte, dass Heilung eintreten würde, dann war aus meiner Sicht alles verloren. Wir hatten viele Gespräche, bei denen ich immer wieder den Eindruck hatte, jetzt verstand er es. Jetzt würde er anfangen, positiv zu denken. Doch immer wenn ich mit meiner Mutter telefonierte, erfuhr ich, dass es ihm nicht besser ging und er hilflos war. Traurig, frustriert und enttäuscht. Ich konnte ihm meine Gedanken nicht einpflanzen. Ich konnte ihm nicht meine Intentionen übergeben. Ich konnte es nicht, so gern ich es auch wollte. Es nützte auch nichts, wenn ich ihn in meine Intentionen integrieren würde. Es waren nicht seine. Er musste durch diese Erfahrung gehen, damit er seinen eigenen Weg finden würde. Es war für mich eine harte Lektion, doch es wurde mir bewusst, dass wir nichts erzwingen dürfen. Wir können oftmals Unterstützung anbieten, wir können unsere Liebsten mit positiven Gedanken versuchen zu inspirieren. Wir können zuhören, Mut zusprechen, trösten. Doch wir können nicht ihren Weg für sie gehen, noch können wir für sie ihre Intentionen setzen. Das kann immer nur jeder für sich alleine.

ICH BIN ...

Meine letzte Erkenntnis für dich ist sehr wichtig. Sie ist die Voraussetzung, dass Intentionen funktionieren. Wenn du dir Gedanken über deine Intentionen machst und sie dir aufschreibst, dann formuliere sie in der aktiven Form. Meistens schreiben wir im Konjunktiv: »Ich wünschte, ich hätte, ich wäre gerne.« Doch das funktioniert nicht. Eine aktive Formulierung heißt: »Ich bin ...«.

Warum ist das so wichtig? Du bist, was du denkst. Alles, was du fühlst und in deinem Innersten nur schon durch das Denken manifestierst, hat eine Resonanz auf deinen Körper und deine Seele. Jeder Gedanke hat eine Energie. Und diese Energie hinterlässt immer auch seine Spuren. Schließe für einen Augenblick deine Augen. Denk an einen traurigen Moment zurück. Wie fühlt sich das auch heute noch für dich an? Wie reagiert dein Körper, deine Seele? Nun denke an eine Situation, in der du unfassbar dankbar warst. In der du so berührt und dankbar warst, dass dir vielleicht sogar die Tränen kamen. Was war das für eine Situation? Wie fühlte sie sich an? Und wie fühlst du dich nun, wenn du daran zurückdenkst? Spürst du einen Unterschied zwischen diesen beiden Erinnerungen, auch körperlich?

Alles, was wir denken, hinterlässt seine Spuren. Denn alles, was du dir vorstellst, alles, was du in deinem Innersten entstehen lässt, wird sichtbar. Durch deine emotionalen Reaktionen, durch die Resonanz in deinem Körper und somit auch in deiner Seele. Wenn du denkst, dass gewisse Träume unerreichbar sind, dann sind sie auch unerreichbar. Wenn du denkst, dass du gestresst bist und immer zu wenig Zeit für dich hast, dann ist dein Leben stressig und dann hast du auch immer zu wenig Zeit für dich. Wenn du denkst, dass das Leben hart ist und die Sonne immer irgendwo anders scheint als bei dir, dann ist es dunkel und trüb. Du bestimmst, wie sich dein Leben anfühlt. Je länger du diese Gedanken in dir mitgetragen hast, desto stärker werden sie dein Leben beeinflussen und vor allem auch sichtbar sein. Allerhöchste Zeit also, die Richtung deiner Gedanken zu ändern.

Es ist wichtig, dass du die Kraft der Gedanken, die Kraft der Intentionen verstehst. Es geht nicht darum, deine Gefühle zu unterdrücken und dich nur auf positive Gedanken zu konzentrieren. Das kommt nicht gut. Wenn du müde bist, wenn du traurig bist, wenn du niedergeschlagen bist, dann hat das seine Daseinsberechtigung. Gefühle sollen gelebt werden, in all ihrem Facettenreichtum. Doch es gibt einen sehr wichtigen Unterschied: das Beobachten der eigenen Gefühle. Eine Art wohlwollende Achtsamkeit sich und seiner Gefühlswelt gegenüber. Und es gibt ein chronisches Erleben von Gefühlen, die sich mit der Zeit in deinem Körper, deinem Geist und in deiner Seele manifestieren und somit auch dein Leben bestimmen.

Ein Beispiel: Wenn ich müde bin, dann achte ich auf diese Zeichen des Körpers. Ich höre hinein und versuche dann, meinem Körper die Ruhe zu geben, die ich ihm geben kann. Ich gehe vielleicht früher ins Bett oder versuche, den Tag ruhiger anzugehen; so lange, bis ich die «Batterien» wieder aufladen konnte. Das ist ein achtsames Beobachten der eigenen Gefühle. Du richtest dich wohlwollend danach aus. Dann gibt es auch das chronische Erleben von Gefühlen: indem du dir immer wieder sagst, dass du müde bist, jedoch nichts dagegen tust; du deine Grenzen immer wieder überschreitest und nicht wirklich hinhörst. Denn vielleicht liegt die Müdigkeit darin, dass du deinen »Akku« nicht wieder aufgeladen hast. Doch vielleicht kommt die Müdigkeit auch daher, dass du dir und deinem Herzen nicht zuhörst, du Impulse, Wünsche oder eine Lebensform unterdrückst und somit sich mit der Zeit eine schwere Müdigkeit in dir manifestiert. Der ersten Form von Müdigkeit kannst du entgegenwirken, indem du sie achtest und dich danach richtest. Die zweite Form von Müdigkeit geht tiefer. Sie kann gelöst werden, indem du dich den Fragen zu deinen Intentionen stellst und dein Leben so ausrichtest, dass statt der Müdigkeit wieder Energie in dein Leben fließt.

Deine Intentionen sind Antworten des Herzens. Sie stehen für all deine Wünsche und Ziele, die in deinem Herzen sind und gelebt werden möchten. Wenn du mit diesen Wünschen in Kontakt kommst, dich mit den Intentionen verbindest, sie aktiv – so als wären sie schon Realität – fühlst, löst dies eine sehr starke Resonanz in dir aus. Denn das Bewusstsein kennt keinen Unterschied vom Gestern zum Morgen. Alles ist. Alles ist genau in diesem Moment. Was ist, ist immer in der Gegenwart. Und wenn du genau in dem Moment deine Intention so formulierst, als wäre sie schon Realität, aktivierst du dein Energiefeld, deine Lebensenergie. Du lässt positive Gefühle zu, positive Gedanken, Gedanken, die dich nähren, die dich wachsen lassen, dein Herz erfüllen. Und genau das ist die Kraft dahinter. Genau das ist diese wunderbare Magie, die entsteht. Zum einen tust du dir Gutes, indem du dich mit positiven Schwingungen nährst. Zum anderen lässt du aber auch eine Art Band entstehen. Eine Brücke, eine Verbindung von deiner tiefsten Essenz in deinem Herzen zur Gegenwart. Du gibst den Weg frei, indem du sagst »Ich bin ...«.

![Sei dein eigener Leuchtturm - scheine hell und klar.]

Sei dein eigener Leuchtturm
- scheine hell und klar.

Es ist ganz wichtig, dass du das verstehst. »Ich bin ...« sind die wohl machtvollsten Wörter, die wir aussprechen können. Alles, was zählt, ist jetzt. In diesem Moment. Dein schöpferisches Potenzial ist immer da. Es wartet nur darauf, gelebt zu werden. Du kannst es leben. Indem du immer wieder zurückkommst zu dir. Deine Intentionen für dich manifestierst und sie so formulierst, als wären sie schon Realität. Du baust dir somit deinen Leuchtturm auf, Stück für Stück, immer größer und heller. Jedes Mal, wenn du deine Intentionen zelebrierst, sie für dich einnimmst, sie innerlich lebst, baust du dir deinen eigenen Leuchtturm auf. Ein Leuchtturm, der dich hell und klar scheinen lässt.

   Das Symbol des Leuchtturms hat für mich noch eine andere Bedeutung. Indem du deine Intentionen setzt, transformierst du deine innere Essenz ins Außen. Du lässt deine Herzenswünsche leuchten. Und dieses Leuchten bleibt nicht unbemerkt. Das Leben, dein Umfeld geht mit dieser Botschaft in Resonanz. Positives zieht Positives an, je-

Durch die Natur fühlen wir uns mit allem verbunden –
und gleichzeitig grenzenlos.

des Mal, wenn du für dich deine Intentionen setzt. Wenn du für dich
dein Leben manifestieren willst, nutze deshalb die Sprache des Herzens in der Gegenwart. Schau dir meine Intentionen nochmals an:

»Ich bin ein Leuchtturm. Ich inspiriere die Menschen,
ihren grundeigenen Weg zu gehen.«
»Ich bin grenzenlos.«

»Ich bin authentisch und echt.«

»Ich bin im Rhythmus. Ich achte meine Kräfte.«

»Ich bin achtsam und präsent.«

»Ich bin eine erfolgreiche Buchautorin. Meine Bücher
inspirieren Menschen weltweit.«

»Ich lebe in der Bretagne.«

Stell dir vor, wie ich diese Intentionen klar und hell für mich sage, sie
laut ausspreche. Mit meinem Körper, mit meinem Geist und mit meiner
Seele sie fühle. Sie lebe. Sie vibrieren lasse. Ich nehme sie für mich ein.
Indem ich sie mir innerlich vorstelle, ich sie dann nochmals laut ausspreche, gehe ich in meine Größe. Ich sehe, wie ich leuchte, wie ich la-
che, wie ich bin.

So wirken Intentionen. So funktionieren sie. Kannst du dir vorstellen, was das in mir auslöst? Wie ich jedes Mal mehr meine Intentionen für mich einnehme? Immer mehr sie lebe? Sie werden eins mit mir.
Weil ich daran glaube. Weil ich mich danach ausrichte und weil ich es
auch zulasse.

51

Worauf wartest du dann noch? Mach dich auf. Mach dich auf
zu deinem eigenen Leuchtturm. Und denk daran:

- Sei mutig. Habe den Mut, deine Wünsche zu leben.

- Sei ehrlich. Lebe deine Vision von deinem Leben.

- Geh in deine Größe. Je mehr du deine einzigartige und
  wunderschöne Größe lebst, desto heller scheinst du.

- Habe Vertrauen, dass deine sehnlichsten Wünsche nicht
  nur für dich, sondern auch für deine Liebsten gut sind.

- Konzentriere dich auf deine Intentionen. Nur du kannst sie
  für dich leben.

- Sei dein Leuchtturm. Scheine hell und klar.

Deine innerste Stärke: die Intuition

Wie beschreibt man etwas, das nicht sichtbar und doch immer da ist? Die Intuition ist ein Gefühl, das jeglicher Logik entbehrt. Es ist ein starkes und unerschütterliches Wissen. Eine Art unmittelbare und nicht zu hinterfragende Gewissheit, die nicht zu erklären ist. Sie ist einfach. Ich frage mich manchmal, warum unsere Gesellschaft das intuitive Wissen nicht ebenso honoriert wie unser geistiges Wissen. Vielleicht findet langsam eine Umkehrhaltung statt. Ich wünsche es mir sehr. Denn die Intuition ist ein wertvolles Gut. Sie ist wie ein Muskel. Je öfter ich mit ihr in Kontakt trete und sie für mich nutze, desto stärker wird sie. Menschen wie Albert Einstein, Steve Jobs sowie auch Carl Gustav Jung waren große Befürworter der Intuition. Sie vertrauten ihrer Intuition und nutzten sie für sich und ihr Tun.

Für mich persönlich ist die Intuition ein wohlwollender Wegweiser. Sie spricht immer ihre eigene Wahrheit. Eine Wahrheit, die im höchsten Sinn für dich bestimmt ist. Die das Beste für dich will. Manchmal ist sie nicht nachvollziehbar, nicht verständlich oder sogar verwirrend, doch die Intuition hat mich persönlich noch nie enttäuscht. Und gerade wenn es um die eigenen Intentionen geht, ist die Intuition eine sehr wertvolle Stütze. Denn mit ihrem Wissen können die Fragen »Was will ich?« oder »Was brauche ich, damit es mir gut geht?« einfacher beantwortet werden. Vielleicht hilft dir auch folgendes Bild, um dich der inneren Kraft der Intuition zu nähern.

Stell dir vor, deine Intentionen sind dein Navigationsgefährt, dein Boot, das dich zu deinem Leuchtturm bringt. Die Intuition ist dabei dein Rückenwind. Sie hilft dir, schneller und vor allem auch zielgerichteter bei deinem Leuchtturm anzukommen. Das Paradoxe an der ganzen Sache: Je langsamer du wirst, desto eher findest du den Zugang zu deiner Intuition. Und je eher du diesen Zugang für dich nutzt, desto schneller kommst du bei deinem Leuchtturm an. Intuition hat mit Achtsamkeit und Bewusstsein zu tun. Du musst in Kontakt mit dir und deiner Innenwelt sein, wenn du die Stimme der Intuition hören willst. Das ist in unserer Welt nicht immer ganz so einfach. Denn unsere Sinne

sind oftmals überstrapaziert. Wir empfangen jeden Tag Millionen von Signalen, Botschaften und Bildern. Wie sollen wir in dieser Flut die eigenen, inneren Signale achten und unterscheiden können? Oft wissen wir ja gar nicht, ob die Intuition mit uns spricht oder schlicht und einfach überhört wird. Ich habe über die Jahre drei Faktoren für mich definiert, die für die Intuition stehen.

DEINE INNERE STIMME WERTET NICHT

Die Intuition wertet nicht. Die Intuition ist eine Art innere, weise Stimme, die dir mitteilt, was gerade das Beste für dich ist. An diese Information sind jedoch keine Gefühle gekoppelt, auch keine Meinungen oder Präferenzen. Die Intuition ist. Sie ist in dieser Hinsicht wirklich einfach eine Art Wissenskanal. Wenn Gefühle auftauchen, dann weil wir sie mit der Information der Intuition verbinden.

Es kann Situationen geben, wo wir diese innere Stimme lieber missachten würden. Wo wir sie wegschieben oder darüber hinwegsehen. Doch das sind immer unsere eigenen damit verbundenen Reaktionen. Die Intuition selber weist einfach auf, was der richtige Weg wäre. Ob wir ihn dann gehen, liegt an uns.

––– Ein Beispiel aus meinem Leben

Eine Trennung ist immer sehr schmerzhaft und oft weiß man nicht, welchen Weg man gehen soll. Was soll man tun? Aufgeben? Weitermachen? Kämpfen? Resignieren? Als ich vor Jahren mitten in einem Trennungsprozess war, half mir die Intuition, die richtige Entscheidung zu finden. Ich kann mich noch sehr gut an diesen einen Moment erinnern. Plötzlich war alles klar. Ich weiß nicht, woher dieses innere Wissen kam, doch es fühlte sich so an, als wären die Würfel gefallen. Die Entscheidung stand fest und war eindeutig. Ich spürte eine tiefgreifende innere Ruhe und wusste, was es zu tun galt. Ich empfand in diesem Moment kein Leid. Auch keine Angst oder Unruhe. Ich fühlte mich wie in einer geschützten Glocke. Ich wusste, bald würden die Gefühle über mich einbrechen, doch in diesem einen Moment sah ich meinen Weg klar vor mir. Die Intuition entbehrt jeglicher Logik und jeglicher Vernunft. Sie kennt keine gesellschaftlichen Verhaltensregeln. Sie lässt sich auch nicht darauf ein. Sie ist losgelöst von allem. Sie ist.

DIE INTUITION MANIFESTIERT SICH IM KÖRPER

Mit der Intuition wird oft auch das Bauchgefühl erwähnt. Das kommt nicht von irgendwoher. Je stärker wir unsere Körpersignale achten, desto feinfühliger sind wir unserer Intuition gegenüber. Bei jedem zeigt sich die Intuition anders, doch immer manifestiert sie sich auch in unserem Körper. Das kann ein Ziehen in der Bauchgegend sein, ein Kribbeln in den Händen oder auch Gänsehaut. Es ist eine Ahnung, die sich in unserem Körper durch eine Reaktion versucht, bemerkbar zu machen.

––– **Ein Beispiel aus meinem Leben**

Vor einigen Jahren habe ich meine Intuition einmal bewusst missachtet. Es ging um einen Job und obwohl ich diesen Job unbedingt wollte, zögerte ich bei der Vertragsunterschreibung. Ich setzte immer wieder zur Unterschrift an, doch ich konnte nicht unterschreiben. Mein Bauchgefühl sagte mir ganz klar:»Tu es nicht«. Doch mein Kopf meinte: »Spinnst du? Das ist doch der Job, den du willst.« Ein beklemmendes Gefühl, dass ich bald einen großen Fehler machen würde, machte sich in meiner Bauchgegend bemerkbar. Ich fühlte mich gar nicht gut dabei und unterschrieb trotzdem. Ich war zu wenig mutig, um alles über Bord zu werfen. Im Nachhinein war der Job wirklich ein Fehler. Doch ich bereue die Entscheidung trotz allem nicht. Denn auch wenn meine Intuition richtiglag, konnte ich sehr wertvolle Erkenntnisse aus dieser Erfahrung ziehen.

Wir können nicht immer so handeln, wie es unsere Intuition von uns verlangt. Ich glaube jedoch, dass, je mehr wir in Kontakt mit uns selbst sind, wir auch weniger in Situationen geraten, wo wir unsere Intuition missachten. Es ist für mich ganz wichtig, dass du das verstehst. Niemand von uns ist vor Fehlern gefeit. Wir sind Menschen. Wir machen Fehler. Manchmal sind Fehler die wichtigsten Bausteine in unserem Leben, denn sie zwingen uns, genauer hinzuschauen und einen Richtungswechsel vorzunehmen. Fehler können deshalb auch sehr wertvoll sein. Doch das Leben lebt sich leichter, wenn wir weniger schwerwiegende Fehler machen. Deshalb: Je mehr du in Kontakt mit deiner Innenwelt bist, je mehr du dich selbst spürst, desto stärker ist die Verbindung zu deiner Intuition. Und je stärker die Verbindung zu deiner Intuition ist, desto leichter wird das Leben.

DAS INNERE WISSEN FÜHRT DICH

Für viele ist die Intuition eine wohlwollende Stütze. Sie kann dir den Weg aufzeigen, wenn du selbst nicht sicher bist, welchen es einzuschlagen gilt. Doch oft kann die Intuition auch eine völlig neue Perspektive mit sich bringen. Sie wird deshalb auch oft mit der Inspiration in Verbindung gebracht. Doch die Inspiration ist nicht zu vergleichen mit der Intuition. Die Inspiration ist eine Eingebung. Sie ist ein Ausdruck kreativer Schöpferkraft. Sie bringt etwas zum Ausdruck. Die Intuition hingegen weist dich auf etwas oder einen Weg hin. Sie kann als eine Art Sog dargestellt werden, der dich führt. Ohne zu wissen, woher dieser Sog kommt, geschweige denn wohin er dich führen wird.

−−− Ein Beispiel aus meinem Leben

Als ich vor einigen Jahren an einer Abschlussarbeit tätig war, packte mich die Inspiration und ich begann, an einem Buch zu schreiben. Ich tat das ohne Hintergedanken oder jeglichen Ansporn. Ich tat es rein aus dem Vergnügen heraus, mich und meine Ideen kreativ zum Ausdruck zu bringen. Lange zeigte ich mein Manuskript niemandem, denn es war mir noch nie in den Sinn gekommen, dass ein Buch daraus entstehen könnte. Ich hatte einfach Freude daran und es bereicherte meinen sonst eher kopflastigen Arbeitsalltag. Als ich das »Buch« fertiggeschrieben hatte, kam die innere Aufforderung, es einem Verlag zu schicken. Ich war sehr erstaunt, denn wie gesagt, es lag mir fern, ein Buch zu schreiben.

Doch meine innere Stimme war so klar, ich konnte gar nicht anders, als ihr zu folgen. Es ging sogar so weit, dass auch klar war, welchem Verlag ich das Manuskript zu schicken hatte: dem Kosmos Verlag und seinem Imprint Nymphenburger. Ich konnte nicht nachvollziehen warum, doch ich folgte meinem inneren Gefühl und schickte das Manuskript voller Vertrauen ab. Dieses Buch ist schlussendlich daraus entstanden. Ich hatte bis zu diesem Zeitpunkt keine Intention, Autorin zu werden. Doch ich vertraute der Führung meiner Intuition und bin ihr dafür sehr dankbar.

Das sind nur ein paar Beispiele, wie sich die Intuition in der Vergangenheit bei mir gezeigt hat. Mittlerweile ist die Intuition für mich mein täglicher Begleiter. Ich kann mir gar nicht mehr vorstellen, wie

mein Leben aussehen würde ohne diese innere, weise Stimme der Intuition. Wenn du deinen eigenen Weg gehst – den Weg, der dir gerecht
wird – dann kann es sein, dass Menschen in deinem Umfeld diesen Weg
mit einem »Selbstverwirklichungstrip« vergleichen. Diese Ausdrucks-
form vermittelt dir möglicherweise ein Gefühl von »schlechtem Gewissen«. Es kann auch sein, dass Egoismus damit assoziiert wird oder Eigennutz. Meine Erfahrung zeigt jedoch, dass ein Leben im Einklang mit
der eigenen Intuition nie egoistisch oder eigennützig ist. Im Gegenteil.

Wenn du deiner Intuition folgst, beantwortest du automatisch
die Fragen: »Was will ich? Was brauche ich, damit es mir gut geht?«.
Und indem du dir diese Fragen beantwortest, wirst du dir gerecht. Das
hat nichts mit Egoismus, Egozentrik oder Eigennutz zu tun. Denn wenn
du es nicht tust, schadest du dir. Du verschließt dich vor deiner eigenen
Lebensenergie. Sie kann nicht fließen, wenn du zumachst. Deshalb, fol-
ge deiner Intuition, wenn sie mit dir spricht. Verwirkliche ihre Botschaften und du wirst sehen, wie bereichernd dein Leben dadurch sein
kann. Und vergiss dabei nicht: Wenn dein Leben bereichernd ist, so ist
es das auch für deine Liebsten.

JA/NEIN: IN KONTAKT TRETEN MIT DEINEM KÖRPERWISSEN

Du kannst jederzeit in Kontakt mit deiner Intuition kommen. Alles, was du dafür brauchst, ist ein Moment der Ruhe, Papier und deine uneingeschränkte Aufmerksamkeit. Verbinde dich mit der Frage, die du von deiner Intuition beantwortet haben willst. Schreib sie auf ein Blatt Papier. Nun nimm zwei weitere Blatt Papier zur Hand und beschrifte das eine Blatt mit einem großen JA und das andere Blatt mit einem großen NEIN. Höre in dich hinein. Wie fühlt es sich an, die Frage mit einem Ja zu beantworten? Wie fühlt es sich an, die Frage mit einem Nein zu beantworten? Falte nun die Blätter so, dass du nicht mehr siehst, ob es das Ja-Blatt oder das Nein-Blatt ist. Mische die Blätter hinter deinem Rücken und werfe oder lege sie vor dir auf den Boden hin. Eines rechts, das andere links. Nun stell dich vor die Blätter und atme bewusst ein paar Mal tief ein und aus. Schließe deine Augen und versuche, dich zu entspannen. Bewege leicht den Nacken hin und her. Entspann deine Schultern, entspann deinen Kiefer. Stehe hüftbreit da und lockere deine Knie. Nun lass die Frage nochmals innerlich auftauchen. Höre gut in dich hinein. Wo zieht es dich hin? Wenn du die Antwort nicht deuten kannst, dann probiere es einfach aus. Stell dich zuerst auf das eine Blatt Papier. Dann auf das andere. Wie fühlt es sich an? Was sagt dir dein Körper?

Obwohl du nicht weißt, auf welcher Antwort du stehst, wirst du einen Unterschied spüren. Wenn mein Körper gegen eine Antwort spricht, zeigt sich dies in einer Art innerem Widerstand. Sobald ich auf dem anderen Blatt stehe, ändern sich die Zeichen. Ich fühle mich gelöster, befreiter und spüre, dass es sich richtig anfühlt.

Ich kann mir gut vorstellen, dass du nun skeptisch bist. Das war ich am Anfang auch. Doch es funktioniert wirklich und schlussendlich sind es die gleichen Körpersignale, die auch durch die Intuition mit dir sprechen. Du aktivierst sie durch die Übung einfach direkt und hörst achtsam zu. Das ist der einzige Unterschied. Probiere es aus. Je öfter du es anwendest, desto schneller kannst du dich »einloggen«.

Falls du Kinder hast, kannst du es auch spielerisch bei deinen Kindern anwenden. Du wirst erstaunt sein, wie schnell sie dir eine Antwort geben können. Die Verbindung zur Intuition ist bei Kindern viel weniger belastet als bei uns.

WAS DU TUN KANNST, UM DEINE INTUITION ZU AKTIVIEREN

Wir alle sind intuitive Wesen, Männer wie Frauen. Da gibt es keine Ausnahmen. Wer behauptet, Frauen seien intuitiver, tut den Männern unrecht. Vielleicht haben die Frauen evolutionstechnisch gesehen einen schnelleren Zugang zu ihrer Intuition entwickelt, doch die Intuition ist bei beiden Geschlechtern gleich vorhanden. Der Unterschied zeigt sich darin, ob jemand mit der Intuition arbeitet oder nicht. Unsere Intuition ist einfach nur gut. Sie tut gut, sie meint es gut und vor allem kann sie uns viel Kraft geben. Stell dir vor, du weißt, du kannst dich zu hundert Prozent auf dich und deine Intuition verlassen. Das Leben ist dadurch zwar immer noch herausfordernd, doch du kannst mit Hilfe der Intuition diese Herausforderungen besser annehmen. Du fühlst dich ihnen nicht mehr ausgeliefert, denn du hast ein Navigationsgerät zur Hand, das dir hilft, den Weg zu finden, der dich wieder sicher zu deinem Hafen zurückbringt.

Du weißt also, dass du ein intuitives Wesen bist. Du weißt, dass du schon immer eine innere Kraft in dir hattest, die du aktivieren kannst. Was kannst du nun tun, damit du sie von Tag zu Tag stärker spürst? Stell dir vor, deine Intuition ist dein Sprachrohr. Dieses Sprachrohr spricht die ganze Zeit mit dir, nur hast du die Botschaften bis dahin nie richtig gehört. Warum? Weil du überladen bist. Wir leben in einer reizüberfluteten Welt. Es ist uns teilweise einfach nicht mehr möglich, diese innere, weise Stimme zu hören. Wie auch – wir rennen von einem Termin zum anderen, erledigen zwischendurch Anrufe, kaufen online ein, und wenn wir zu Hause sind, dreht sich das Hamsterrad weiter. Es braucht die Stille, damit wir unsere Intuition hören. Und die hat leider einen schweren Stand in unserer Gesellschaft. Die Ruhe gönnen wir uns immerhin noch ab und zu. Doch die Stille, sie geht unter.

Wir haben verlernt, still zu sein. Dabei ist die Stille das wertvollste Geschenk, das wir uns machen können. Wir merken gar nicht, wie unaufhörlich unser Geist die ganze Zeit am Plappern ist. »Habe ich alles Nötige eingepackt? Bin ich vorhin meiner Arbeitskollegin auf die Füße getreten? War ich zu unfreundlich? Ich muss dringend den 5-Uhr-Zug erwischen. Ich darf ja nicht vergessen, noch Windeln einzukaufen ...«. Und so weiter und so fort.

Wir merken gar nicht, wie sehr wir uns von der Stille entfernt haben. Und wie wohltuend es im Gegenzug sein kann, still zu sein. Nicht nur im Außen, sondern auch in unserem Innersten. Keine Gedanken, keinen Lärm, keine Forderungen, keine Anforderungen. Schlicht und einfach nur still SEIN. Dort findest du nichts anderes als dich selbst. Du kommst überhaupt endlich einmal dazu, dir die wichtigen Fragen zu beantworten: »Was will ich? Was brauche ich, damit es mir gut geht?«. Und damit du deine eigenen Antworten auch hörst, musst du eine gute Verbindung zu deiner Intuition haben, zu deiner Innenwelt. Das ist genau wie mit einer Telefon- oder Internetverbindung. Die muss auch frei sein, damit funktioniert. Ist sie überlastet oder sogar unterbrochen, geht gar nichts mehr. Es ist also höchste Zeit, dein inneres Sprachrohr zu reinigen und dir selber gut zuzuhören. Wie du das tun kannst? Ganz einfach:

--- Durch die Natur

In der Natur kommen wir oftmals wieder zurück zu uns. Denn wir alle sind Teil der Natur. Wir sind Natur. Wir gehören zu ihr dazu und sind mit ihr verbunden. Es ist deshalb nachvollziehbar, warum wir immer wieder den Drang haben rauszugehen. Raus in die Natur. Sei es auch nur für ein paar Augenblicke. Die Natur tut uns aber auch gut, weil wir uns in einer analogen Welt wiederfinden. Die digitale Welt gehört zu unserem Leben, unserem Alltag häufig dazu. Da ist nichts Schlechtes dabei, denn sie schenkt uns auch sehr viele Annehmlichkeiten. Wichtig ist, wie bei allem, die Balance. Die Natur schenkt uns diesen Ausgleich. Sie ist für alle zugänglich. Egal ob das ein Wald, das Ufer eines Sees, die

Die Natur unterstützt uns dabei,
die eigene Stille zu entdecken.

Weite des Meeres, die Berge oder auch Weizenfelder sind. Sobald wir
draußen sind, in der Natur, schaltet unser Gehirn ab. Die Farben und
Formen bereichern uns. Die Düfte, die frische Luft beleben unseren
Geist. Selbstverständlich nehmen wir unsere Gedanken, unseren Geist
mit in die Natur. Folglich plappert es trotzdem fleißig weiter im Kopf.

Es gibt ein einfaches Mittel, wie wir dieses Plappern vollends aus-
schalten können: indem wir mit all unseren Sinnen in die wohltuende
Atmosphäre der Natur eintauchen. Sprich: durch das Sehen, das Hören,

das Fühlen, das Schmecken und das Tasten. Indem wir uns ganz bewusst auf die Natur und ihre Atmosphäre einlassen, konzentriert sich unser Gehirn auf die Sinne. Die Sinne senden Signale ans Gehirn. Es wird bewertet und begutachtet, was wir da tun. Indem wir das tun, schalten wir gleichzeitig unseren Geist ab. Es hört augenblicklich auf zu plappern, denn unsere Konzentration ist abgelenkt; für ein paar Augenblicke. Der Clou dabei ist, immer wieder zurück zu unseren Sinnen zu gehen; die Sinneserfahrungen zu erleben. Denn solange wir das tun, lenken wir den Geist ab und können dadurch ein paar Momente der geistigen Erholung genießen. Sobald wir bemerken, dass unsere Aufmerksamkeit schwindet und der Kopf sich wieder einschaltet, kehren wir wieder zurück zu unseren Sinnen.

Schau dir zum Beispiel einen Waldboden an, was siehst du? Wie viele Farben kannst du unterscheiden? Setz dich vielleicht an einen dir stimmigen Ort einfach mal hin. Oder lehne dich an einen Baum und schließe die Augen. Was hörst du? Was riechst du? Ertaste die Blätter von Sträuchern und Bäumen. Ertaste die Erde, Zapfen, Steine. Wie fühlen sie sich an? Kalt, feucht, warm? Laufe barfuss über eine Wiese. Laufe über Moos, Erde, Blätter. Tauche so richtig in die Atmosphäre der Natur ein. Du wirst sehen, es wird wohltuend und bereichernd sein. Du kommst in die Stille hinein und die Zeit erhält einen anderen Faktor. Es sind diese Sinneserlebnisse, die eine gute Wirkung haben. Die dich wieder zurück zu dir bringen. Zu deiner Gefühlswelt, deiner Mitte. In deinen Alltag immer wieder solche kleine Auszeiten einzubauen, kann dir helfen, mit der Zeit immer besser in die Stille zu finden. In deine eigene, tiefe, wertvolle Stille.

--- Durch Meditationen

Ich habe das Meditieren durch Yoga kennengelernt. Ich fand es am Anfang sehr schwierig und war immer wieder frustriert, wollte am liebsten aufstehen und aus dem Raum gehen. Ich habe mich aber nicht getraut, zum Glück. Denn mit der Zeit fand ich immer mehr den Zugang zum Meditieren und nun möchte ich es nicht mehr missen. Es gibt ganze Bücher übers Meditieren, ich gehe deshalb nur kurz darauf ein. Es geht mir vor allem darum, wieso es so wertvoll für dich und deine Intentionen ist. Durch das Meditieren oder auch durch die Natur findest du einen Ausweg aus dem Alltags-Hamsterrad. Es ist wichtig, dass du dir immer wieder Zeit für dich nimmst, damit du mit dir und deiner Innenwelt Kontakt aufnehmen kannst. Vielleicht meditierst du schon fleißig, dann muss ich dir nicht viel dazu erklären. Doch vielleicht stehst du noch am Anfang. Ich empfehle dir, in deinem Freundeskreis nach deren Erfahrungen, ob und wie sie meditieren, zu fragen. Vielleicht kann dir jemand ein Video empfehlen? Es gibt auf YouTube oder Spotify unzählige Meditationsanleitungen, die gut sind. Wähle die Anleitung aus, die dich anspricht. Vielleicht kennst du jemanden, der Yoga macht oder sogar Yoga anbietet? Auch diese Personen können dir sicherlich ganz viele gute Tipps weitergeben.

ÜBUNG

»ICH BIN ...«-MEDITATION

Falls das Meditieren neu für dich ist, hilft dir vielleicht diese Meditationsübung. Sie ist für Anfänger ein wenig komplex, aber bei mir bewirkt sie auf verschiedensten Ebenen Wunder. Es ist eine Meditation, die nicht nur unseren Geist zur Ruhe bringt, sondern auch unser Energiesystem reguliert, denn sie beinhaltet ein Arbeiten mit unseren Chakren. Das Wort Chakra stammt aus dem Sanskrit (altindische Sprache) und steht für Rad oder Pumpe. Chakren sind unsere Energiezentren. Sie regulieren unsere Lebensenergie und somit auch das Wohlbefinden unseres Körpers, unseres Geistes und unserer Seele.

Ich zünde zuerst sehr gerne bewusst eine Kerze an. Das Anzünden der Kerze ist für mich das Zeichen, dass ich mir nun diesen Moment der Stille gönne und auch nehme. Ich trete sozusagen aus meinem Alltag heraus und gehe hinein in die Stille. Ich setze mich bequem hin und achte auf einen aufrechten, geraden Rücken. Bevor ich meditiere, wende ich manchmal die Wechselatmung an. Sie hilft mir, die innere Ruhe und Ausgeglichenheit zu finden. Ich wiederhole diese Atmung ca. 20-mal und danach beginne ich mit der eigentlichen Meditation.

Ich starte jeweils mit dem Wurzelchakra und lenke mein Bewusstsein dorthin. Dabei spreche ich folgendes Mantra: »Ich bin geerdet.« Bei der Einatmung sage ich innerlich »Ich bin ...«, bei der Ausatmung sage ich innerlich »... geerdet«. Ich lasse mich vom Rhythmus meines Atems führen und wiederhole das Mantra in einer Endlosschleife. So lange, bis ich das Gefühl habe, ich darf weiter zum nächsten Chakra gehen. Das hilft mir, die Konzentration auf meinen Atem zu legen und mich von meinen Gedanken nicht ablenken zu lassen. Sollte ich doch abschweifen, lenke ich die Konzentration wieder auf meinen Atem und das Mantra resp. Chakra zurück. Es braucht wirklich Übung, Übung, Übung. Doch es lohnt sich. Du wirst dich danach viel freier, geerdeter und vor allem belebter fühlen.

Hier noch eine kleine Übersicht der sieben Chakren, ihrer Entsprechung sowie auch den dazu passenden Mantren.

- **Wurzelchakra** – Sicherheit & Kraft: Ich bin verwurzelt, ich bin geerdet, ich bin sicher.

- **Sakralchakra** – kreative Schöpferkraft und Beziehungen: Ich bin kreativ, ich lebe meine Fülle, ich bin im Fluss.

- **Solarplexuschakra** – Wille und Selbstwert: Ich bin stark, ich bin in meiner Kraft, ich bin wertvoll.

Auswege aus dem Alltags-Hamsterrad:
die Kraft der Natur oder eine Meditation

- **Herzchakra** - Liebe und Mitgefühl: Ich bin Liebe, ich bin offen, ich bin Freude.

- **Halschakra** – Ausdruck und Wahrheit: Ich bin frei, ich bin ehrlich, ich bin mir treu.

- **Stirnchakra** – Intuition: Ich bin klar, ich bin intuitiv.

- **Scheitelchakra** – Verbundenheit: Ich bin mit meinem höheren Selbst verbunden, ich bin präsent.

--- Durch achtsames Gehen

Das achtsame Gehen ist für mich die einfachste Art und Weise, wie ich in meine eigene Stille gehen kann. Wenn immer möglich, gehe ich raus in die Natur. Selbstverständlich kann das Gehen auch in der Stadt geschehen, manchmal geht es auch nicht anders, doch wenn möglich, lade ich dich dazu ein, in die Natur zu gehen. Die Wirkung ist viel wohltuender. Das Gehen ohne Ziel hat für mich eine meditative Wirkung. Ich lasse los, ich lasse mich treiben. Und genau das ist das Wertvolle daran. Indem wir loslassen, entledigen wir uns aller Einschränkungen. Wir sind einfach. Und doch ist der Körper aktiv, der Kreislauf aktiviert, die Sinne auf die Umgebung fokussiert. Somit fällt es uns oftmals leichter, den Geist abzuschalten. Wir achten wiederum auf die Atmung. Versuchen, so gut es geht, nur über die Nase zu atmen. Dann wirkt die Atmung tiefer. Der Körper wird gleichzeitig mit noch mehr Sauerstoff beschenkt, was uns wiederum hilft, uns noch mehr zu befreien.

Wenn du das meditative Gehen für dich ausüben möchtest, dann ist es vor allem wichtig, dass du kein Ziel hast. Versuche, einfach loszulassen. Lass dich treiben, definiere nicht im Vorfeld, wohin du gehen willst. Lass dich intuitiv führen. Spüre deinen Körper, deine Arme, deine Beine. Konzentriere dich auf deinen Atem, und wenn du einen Rhythmus gefunden hast, schau dich um. Was siehst du? Lass die Eindrücke, Farben, Formen und Gerüche der Natur auf dich wirken. Stell dir vor, du bist in einem Fluss und lässt dich wie von einer unsichtbaren Kraft einfach vorantreiben. Keine Mühe, kein Zehren, kein Zwang. Alles fließt.

Bei allen drei Tätigkeiten gilt: Nimm den Druck raus. Erwartungen sind in diesem Fall schädlich. Denn was passiert, wenn du deine Erwartungen nicht erfüllst? Du wertest über das »Nichterfüllen« und schon bist du in einer Negativspirale. Deshalb: Stelle keine Erwartungen, versuch es einfach. Sei wohlwollend dir selbst gegenüber. Wenn es mal nicht klappt, ist es okay. Versuch es einfach wieder. Sei so wohlwollend wie mit einem kleinen Kind, das laufen lernt. Wie oft wird das Kind wohl hinfallen, bis es laufen lernt? Schlussendlich ist es doch egal. Denn es zählt nur, dass es einen Schritt nach dem anderen macht. Und irgendwann frei und voller Freude laufen kann. Dann ist alles andere vergessen. Deshalb: Sei wohlwollend. Tadle dich nicht, wenn du Mühe hast, aus dem Gedankenkarussell herauszukommen. Wichtig ist

Achtsames Gehen in der Natur hilft,
den Kopf freizubekommen.

einfach, dass du es immer wieder versuchst. Und auch wenn während deinem Aufenthalt in der Natur, der Meditation oder dem Laufen der Geist immer wieder reinplappert – lass ihn reden. Das ist ja auch sein Job. Er macht nur das, was er schon immer getan hat. Gib den Gedanken keine Kraft. Lass sie an dir vorbeiziehen.

Noch eine letzte wichtige Anmerkung. Wir Menschen sind oftmals leistungsgetrieben. Uns fällt das vielleicht nicht so auf, doch auch, in die eigene Stille zu gehen, kann sich schnell zu einem Leistungssport entwickeln. Ich empfehle dir, in deine eigene Stille zu gehen, damit du deine Intuition besser hören kannst und dir somit auch die wichtigen Fragen beantworten kannst. Die große Herausforderung dabei ist, dass du nicht gleich Antworten von dir erwartest. Sobald du in die Stille

gehst, ist der Geist noch versteckt aktiv und erwartet Antworten. Doch in die eigene Stille zu gehen, hat den Zweck, deinen Geist zu leeren. Es geht um das Sein. Die Antworten werden kommen. Je mehr du die Stille für dich zelebrierst, je mehr du dich ohne Erwartungen der Stille hingibst, desto fließender werden die Antworten kommen. Je weniger du erwartest, desto schneller wirst du beschenkt. Schwierig, ich weiß. Doch hab Vertrauen in den Prozess. Es funktioniert, versprochen.

Hürden und Hindernisse, die es zu beachten gilt

Intentionen sind Antworten auf die wichtigen Fragen:»Was will ICH?«, »Was brauche ich, damit es mir gutgeht?«

Diese Fragen zu beantworten, ist nicht immer einfach. Zu oft sind wir gefangen im Strudel des Alltags. Missverstehen mögliche Antworten als die unseren und glauben, dass konditionierte Antworten, Glaubenssätze, die wir von unserem Umfeld und der Gesellschaft übernommen haben, die Wahrheit sind. Es sind tief verankerte Gedanken, die wir als wahr empfinden, und die dadurch immer wieder gelebt werden. Diese Gedanken werden uns zum Teil schon von Kind auf mitgegeben. Wir definieren sie aber auch selbst, durch unsere Erfahrungen, und wir nehmen sie unbewusst durch unser Umfeld auf. Nicht alle Glaubenssätze sind negativ. Doch es ist sicherlich sinnvoll, die eigenen Glaubenssätze zu hinterfragen. Sobald sie uns einschränken, empfehle ich, genauer hinzuschauen. Einschränkungen sind Hindernisse, sie sind wie ein dicker Nebel, der nicht zulässt, dass wir klar sehen. Deshalb ist es wichtig, dass wir achtsam sind und uns immer wieder fragen: Warum denke ich so? Was hält mich davon ab, mir Zeit für mich zu nehmen? Und wieso glaube ich nicht, dass sich mein Leben auch frei anfühlen kann?

Es ist sehr schwierig, die eigenen Glaubenssätze zu filtern. Doch wenn wir es nicht tun, werden wir entweder die falschen Antworten finden oder diese anzweifeln. Beides wäre fatal und unglaublich schade. Nicht nur Glaubenssätze formen unser Leben. Auch Verletzungen aus der Vergangenheit oder Traumata prägen es oftmals. Sie hinterlassen Spuren. Ich glaube, dass diese Verletzungen zu unserem Leben dazugehören. Wir können uns nicht immer davor schützen. Manchmal gehen sie tief. So tief, dass wir glauben, das Leben sei ein ewiger Kampf, für immer verhüllt von dunklen Wolken.

Ich kenne dieses Gefühl und ich kann deshalb auch sagen, dass es möglich ist, auch tiefgreifende Wunden zu heilen. Es braucht Zeit. Es braucht Liebe. Liebe für sich selbst. Doch es kann verheilen. Und auch hier hat mir die Kraft der Intention geholfen. Wenn ich mir nicht immer wieder diese Fragen gestellt hätte, wäre ich nicht bis zu meinem innersten Kern durchgedrungen. Hätte ich die Reaktion auf meine Antworten nicht immer wieder hinterfragt, hätte ich auch nicht meine eigenen Hürden und Hindernisse entdeckt. Ich wäre bei einer der Hürden stehengeblieben und hätte gedacht, das ist es nun. Weiter komme ich nicht. Oder ich hätte einen Umweg genommen und wäre wer weiß wo gelandet. Doch sicherlich nicht bei mir und meinem Leuchtturm. Jeder muss für sich seine Hürden nehmen. Jeder muss für sich sein Hindernis durchqueren. Das kann niemand für den anderen übernehmen. Doch es lohnt sich. Ich begegne vielen Menschen, die stehenbleiben; die nicht daran glauben und Angst davor haben, sich den eigenen Hindernissen zu stellen. Doch es ist so schade, denn was ihnen dabei entgeht, ist ihr Leben. Ihr immer wieder besonderes, wunderbares, lichterfülltes Leben. Es wartet auf sie.

Ein Hürdenläufer kann auch nicht gleich beim ersten Lauf alle Hürden überwinden. Es braucht Zeit und auch Übung. Mit dem wohlwollenden und vor allem auch wohltuenden Rhythmus der Natur kannst du diese Hürden nehmen, eine nach der anderen, Schritt für Schritt. Ich behaupte nicht, dass dadurch deine Traumata oder Verletzungen geheilt werden. Wenn sie tief greifen, empfehle ich professionelle Unterstützung. Doch mit dem Werkzeug kannst du dranbleiben und deinem innersten Kern immer näherkommen. Du wirst dir die Fragen immer besser beantworten können und das ist schlussendlich das Ziel: dass du weißt, was du willst. Dass du weißt, was dich stärkt. Und du es dir auch nimmst.

HÜRDEN UND HINDERNISSE ENTDECKEN

Starte mit den beiden Leitfragen der Intentionen. Hör gut in dich hinein. Hör zu, was dein Innerstes, dein Herz, dir sagt. Werte nicht, sondern beobachte einfach. Stell dir vor, du schaust dir selbst von außen zu. Du gehst in eine wertefreie, neutrale Position. Notiere deine Gedanken dazu in deinem Tagebuch. Wie sind deine Reaktionen auf die Antworten? Welche Gedanken kommen hoch? Erfolgt eine Gegenwehr oder bist du innerlich ruhig und stimmig? Stimmt es dich froh oder wirst du eher traurig oder frustriert? Achte auch auf die Reaktion deines Körpers. Alle Gedanken, die dich von deinem innersten Wunsch abhalten, sollten von dir genauer überprüft werden. Denn zu 99 Prozent sind es versteckte Glaubenssätze.

Erkennst du deine Glaubenssätze? Gibt es Gedanken, die sich negativ zu deinem Wunsch, deinem Ziel äußern? Sätze wie »Das schaffe ich nicht. Ich werde mir das nie leisten können. Wie soll das funktionieren, mit drei Kindern? Mein Mann wird mich dabei nicht unterstützen. Was denkt sich wohl mein Umfeld dabei?« und so weiter und so fort. Schreib deine Erkenntnisse auf. Werte nicht darüber. Schreib sie einfach auf. Und dann betrachte sie. Schau sie dir genauer an. Negativ behaftete Glaubenssätze können in positiv behaftete Glaubenssätze umgewandelt werden. Und diese positiv behafteten Glaubenssätze kannst du für dich als deine Intention nehmen.

Ein Beispiel: Gehen wir davon aus, dass du beruflich sehr eingebunden bist. Du hast Familie und sonstige Verpflichtungen. Du schaffst es einfach nicht, auf ein »normales« Energielevel zu kommen und fühlst dich oft ausgelaugt und müde. Dein Wunsch ist also, mehr Zeit und Raum für dich zu haben. Dich besser abgrenzen zu können. Dir mehr Ich-Zeit zu gönnen. Dein Leben erlaubt es dir jedoch (noch) nicht. Bis jetzt haben alle deine Absichten nichts bewirkt, weshalb dein Innerstes eine Gegenwehr auf deinen Wunsch erzeugt. Du denkst: »Ich habe das schon probiert, im Moment geht es einfach nicht. Das ist halt eine Phase, ich muss das durchstehen. Meine Zeit wird schon noch kommen.«

Wenn du dich bei diesen Gedanken wiederfindest, dann ist es allerhöchste Zeit, dass du deine negativ behafteten Glaubenssätze endlich in positive umwandelst. Hier siehst du ein paar Möglichkeiten:

- Ich bin in meiner Kraft. Ich grenze mich ab.
- Ich nehme mir täglich meine Ich-Zeit heraus.
- Ich finde einen Weg, wo ich mir meine Ich-Zeit herausnehmen kann.
- Je mehr Ich-Zeit ich mir zugestehe, desto mehr Energie kann ich für mich und meine Liebsten aufwenden.
- Ich darf mir meine Ich-Zeit nehmen.
- Ich bin frei.

So entdeckst du deine negativ behafteten Glaubenssätze und kannst sie in kraftvolle Intentionen umwandeln. Ich habe dir ein paar positiv behaftete Glaubenssätze aufgelistet, die dir vielleicht helfen, deine Intentionen daraus zu formulieren.

Einen sehr wichtigen Schritt hast du nun geschafft. Wenn du weißt, wo deine Hürden sind, kannst du sie besser nehmen. Du kennst sie und du weißt, bei welchen Themen sie auftauchen können. Das gestaltet dir den Umgang damit um einiges leichter. Vielleicht helfen dir folgende Beispiele aus meinem Leben.

Die Natur wertet nicht. Sie ist in ihrer
Ganzheitlichkeit vollkommen.

Beispiel Glaubenssatz: »Du musst hart arbeiten, um Erfolg zu haben.«
Dieser Glaubenssatz ist wohl in jedem von uns verankert. Ich habe ihn
sicherlich durch meine Eltern (unbeabsichtigt), aber auch durch unsere
Gesellschaft auferlegt bekommen. Die schlimmste Erfahrung mit diesem Glaubenssatz hatte ich während einer Tätigkeit für einen der größten Luxusgüterkonzerne weltweit. Ich war verantwortlich für alle Ver-
kaufspunkte der Schweiz und hatte über 140 Mitarbeiter in meiner
Führungsverantwortung. Ich empfand die Arbeit selbst spannend und
auch bereichernd, doch was mir immer schwerer fiel, waren die Verhaltensregeln des Konzerns. Lange Präsenzzeiten, Führung durch Angst
und Druck, Misstrauen statt Vertrauen. Vertrauen konnte jemand innerhalb des Teams erst gewinnen, wenn eine fast schon unmenschli-
che Präsenzzeit und ein hoher Umsatz vorgewiesen werden konnten.
Man musste es sich »verdienen«. Dies entsprach überhaupt nicht meiner eigenen Ansicht von Führung.

Der Weg zu sich selbst bedingt,
innere Hürden zu meistern.

Ich fühlte mich in einem Korsett gefangen und hatte irgendwann das Gefühl, nicht mehr atmen zu können. Ich fragte mich, ob denn diese Arbeit nicht auch mit Freude und Spaß erledigt werden konnte. Denn Freude an der Arbeit hat bei mir schon immer die besten Resultate hervorgebracht. Musste es ein Entweder-oder sein? War nicht auch ein Sowohl-als-auch möglich? Mir wurde bewusst, dass ich persönlich an ein Sowohl-als-auch glaubte, und dass dieses »Ohne hartes Arbeiten kein Erfolg« nicht mein Glaubenssatz war. Ich arbeitete sehr gern. Ich arbeitete auch sehr gern länger, wenn ich im Fluss war. Doch lange und hart zu arbeiten, nur weil es so Sitte war, das entsprach nicht meinem Wesen. Es blieb mir nichts anderes übrig, als meine Konsequenzen daraus zu ziehen: Ich kündigte. Ich weiß noch genau, wie befreit ich mich danach fühlte.

Beispiel Verletzung: »Du warst nicht da, als ich dich gebraucht habe.«
Als ich mich von meinem Mann getrennt habe und mich auch gleich
scheiden ließ, war das für die meisten Menschen in meinem Umfeld ein
Schock. Mein Ex-Mann ist auch heute noch ein sehr guter Mensch. Und
doch war er nicht der Richtige für mich. Ich musste diese Erkenntnis
leider annehmen und zog die Konsequenzen daraus. Viele Freunde waren überfordert und wussten nicht so recht, wie sie reagieren sollten.
Ich selbst fühlte mich sehr wund und verloren, auch wenn ich wusste,
dass es die richtige Entscheidung war. Ich schützte mich, indem ich
mich von gewissen Freunden abwendete. Insgeheim fühlte ich mich im
Stich gelassen sowie missverstanden, und das von Freunden, die eigentlich zu meinem engsten Kreis gehörten.

Erst Jahre später wurde mir bewusst, dass ich durch diesen inneren Abstand nicht nur diesen alten Freundschaften keine Chance mehr
gab, sondern auch neuen Freundschaften. Ich hielt neue Menschen in
meinem Umfeld innerlich auf Distanz. Mir wurde auch bewusst, dass
diese Verletzung, dieses Gefühl von »Du warst nicht für mich da« viel
tiefer griff. Ich hatte ein Erlebnis in meiner Kindheit, das mich sehr geprägt hat. Dort hatte diese Verletzung ihren Ursprung. Da meine Freundinnen zu meinem innersten Kreis gehörten, durchlebte ich sozusagen
dieses Gefühl wieder. Solange ich nicht die Ursprungsverletzung heilte,
bedeutete es auch für mich, dass ich immer wieder am gleichen Ort
stehen würde.

Wieso erzähle ich dir das alles und was hat das schlussendlich
mit der Kraft der Intentionen zu tun? Der Grund ist folgender: Solange
wir alte Verletzungen, Traumata oder auch Glaubenssätze nicht beile-
gen, werden sie uns immer im Weg stehen. Sie werden uns daran hindern, unseren ureigenen Weg zu gehen – den Weg, der uns entspricht
und uns gerecht wird. Intentionen zwingen uns, uns mit uns selbst
auseinanderzusetzen. Das ist nicht immer schön. Doch es ist die wertvollste Arbeit, die wir tun können. Denn nur so befreien wir uns von
aller Schwere. Und nur so können wir unseren Weg gehen. Die Fragen
»Was will ich? Und was brauche ich, damit es mir gutgeht?« dringen
tief in unser Innerstes hinein. Sie decken auf, sie wirbeln auf, sie lassen
tief blicken. Und deshalb sind sie so machtvoll. Deshalb sind sie auch
so wichtig.

Wir müssen uns bewusst sein: Solange wir uns nicht diesen Fragen stellen, solange wir uns nicht bewusst sind, was unsere Verletzungen sind, wo unsere Glaubenssätze verborgen liegen, werden wir nicht ankommen. Jede Verletzung, jedes Trauma hinterlässt seine Spuren. Wir sehen sie vielleicht nicht jeden Tag. Doch wir nehmen sie mit. Es kann sogar so weit gehen, dass sie wie ein langsames Gift wirken. Sie vergiften unser Denken, sie vergiften unseren Umgang mit dem Leben. Und das Schlimmste ist, sie nehmen uns jegliche Kraft. Sie nehmen uns auch jegliches Vertrauen. Und wenn wir kein Vertrauen in uns oder das Leben haben, leben wir getrennt von dem, was wir sein können.

Es ist so wichtig, dass du das verstehst. Wenn du kein Vertrauen in dich selbst hast, lebst du getrennt von dem, was du sein kannst. Ich habe keine Anleitung, wie du deine Verletzungen heilen kannst. Meine Erfahrung sagt mir, dass jeder seinen eigenen Weg entdecken muss. Dass es für mich richtig war, dass es mir geholfen hat, heißt nicht, dass es auch dir hilft. Ich kann dir nur sagen, ich bin unglaublich dankbar, habe gelöst und verziehen, was es zu lösen oder zu verzeihen gab. Es befreit. Es macht den Weg frei – zu dir und deiner Kraft.

Immer wenn du für dich deine Intentionen setzt, wirst du innerlich spüren, wo noch gewisse Hürden sind. Solange du dich nicht traust, deine Intentionen laut auszusprechen, deutet das darauf hin, dass du innere Hürden hast. Sei in diesen Momenten nachsichtig dir selbst gegenüber. Du wirst es mit der Zeit immer besser können. Was dir dabei hilft, sind deine Intentionen. Denn Intentionen sind wie erwähnt positiv verankerte Glaubenssätze. Solche, die dich in dem bestärken, was du willst. So transformierst du Tag für Tag, Woche für Woche und Monat für Monat deine negativen Glaubenssätze in positive.

Die größten Hürden haben wir in uns selbst. Indem du nun immer wieder mit deinen Intentionen arbeitest, werden negative Glaubenssätze schwächer: »Ich kann das nicht, ich kann nicht NEIN sagen, ich kann nicht kündigen, ich schaffe es nicht, mein Pensum zu reduzieren«. Du aktivierst sozusagen deine Gedankenkraft für dich und deine Intentionen. Und indem du das immer wieder tust, werden sie für dich keine Hindernisse mehr sein. Wie erwähnt, es braucht Zeit. Manche Glaubenssätze sind sehr tief verankert. Wir können nicht alles sofort transformieren. Gewisse Glaubenssätze begleiten uns ein Leben lang.

Intentionen helfen, durch die Stürme
des eigenen Lebens zu navigieren.

Wichtig dabei ist vor allem, dass wir sie erkennen. Dass wir sie sehen
und je nach Situation entsprechend handeln können. Bereits das Wissen, dass du diese inneren Hürden hast, hilft dir, diese wohlwollend zu
umgehen.

Vielleicht hilft dir das Bild einer Waage. Auf der einen Schale sind
alle negativ behafteten Glaubenssätze. Sie lasten schwer und hindern
dich daran, dich frei zu entfalten. Auf der anderen Waagschale kannst
du nun die positiv behafteten Glaubenssätze aktivieren. Du füllst dein
Herz und somit auch deinen Geist mit Gedanken und Affirmationen,
die dir helfen, die Balance wiederzufinden. Du füllst sie sogar so weit,
dass die hinderlichen Glaubenssätze ganz leicht werden. So leicht, dass
sie irgendwann gar nicht mehr spürbar sind.

Nur wenn wir wohlwollend uns selbst, unseren Einschränkungen, Ängsten, Unsicherheiten gegenüber sind, können wir sie auch auf-
lösen. Wenn wir uns jedoch dagegen wehren, vielleicht auch noch
streng und tadelnd mit uns sind, nutzen wir unsere Energie, um gegen
uns zu kämpfen. Statt für uns.

POSITIVE GLAUBENSSÄTZE:

- Ich glaube an mich und meine Kraft.
- Ich bin frei.
- Alles, was ich brauche, ist schon in mir vorhanden.
- Ich liebe mich, meinen Körper, meinen Geist, meine Seele.
- Ich bin einzigartig und lasse mein Licht hell strahlen.
- Das Leben unterstützt mich bei all meinen Intentionen.
- Mein Herz ist offen. Es liebt und lässt Liebe zu.
- Ich bin wertvoll.
- Ich lebe meine Kreativität.
- Ich bin es mir wert.
- Ich gönne mir meine Auszeiten und Ruhe.
- Ich liebe und respektieren mich so, wie ich bin.
- Alles ist gut. Egal was passiert, ich fühle mich frei, sicher und geerdet.
- Ich darf mich zeigen, so wie ich bin.
- Ich bin mutig.
- Ich bin im Vertrauen mit mir und meinem Leben.
- Ich bin verbunden mit den Kräften der Natur.
- Ich lasse los und mache Platz für Neues.
- Ich achte meine Intuition und habe vollstes Vertrauen darauf.
- Ich achte meinen Körper.
- Ich bin klar und bleibe in meiner Kraft.
- Ich bin dankbar.
- Ich achte meine Grenzen.
- Ich genieße das Leben und sehe, wie reich mein Leben ist.
- Ich ermächtige mich selbst, das Leben zu führen, das mir guttut.
- Mein innerer Reichtum kennt keine Grenzen.
- Mein innerer Quell ist unendlich.
- Ich sprenge meine Grenzen.

- Andere Menschen lieben und respektieren mich so, wie ich bin.
- Ich halte Rückzug. Mein Fokus und meine Energien richten sich immer wieder nach innen.
- Der Zauber der Natur ist auch in mir zu finden.
- Ich vertraue mir und meiner Entwicklung.
- Meine Kräfte sind unaufhaltsam.
- Meine Kraft ist in meiner Einzigartigkeit zu finden.
- Ich bin im Hier und Jetzt.
- Ich honoriere alles in mir.

Worum es geht

Du siehst, unser Leben befindet sich letztlich im Spannungsfeld von folgenden vier Faktoren:

- Wo du heute stehst: unterwegs auf offener See
- Wo du gerne hinwillst: zu deinem Leuchtturm
- Hürden und Hindernissen: den Stürmen des Lebens
- Wohlwollenden Kräften: deinem Rückenwind

Die Intentionen sind deine Navigationshilfe, damit du von dort, wo du heute stehst, zu deinem sicheren Hafen, zu deinem Leuchtturm, gelangen kannst. Stürme wird es immer geben, doch du bist nicht allein. Du kannst mit Hilfe deiner Intuition und deiner eigenen inneren Kraft diese Stürme meistern. Und nun kommen wir zu einem zusätzlichen wichtigen Werkzeug, das dir hilft, sicher und zielgerichtet bei deinem Leuchtturm anzukommen. Dieses Tool wird immer für dich da sein, dich begleiten und dir den Weg zeigen. Es ist die Natur. Die Natur, ihre Kräfte, ihr Rhythmus und ihre Weisheit. Du kannst sie für dich und deine Intentionen nutzen. Viel Freude beim Entdecken.

TEIL 2

〜〜〜〜

Die Kreisläufe der Natur

Als ich auf der Suche nach Halt und einem Sinn für mein Leben war, fand ich alle Antworten in der Natur. Ich begann, sehr viel Zeit draußen zu verbringen. Ich stellte fest, dass jede Jahreszeit – ja jeder Monat – uns unglaublich viel zu lehren hatte. Diese Entdeckungen hielt ich in meinem Tagebuch fest. Je mehr ich mich mit dieser Thematik und der Symbolik der Natur auseinandersetzte, umso mehr entdeckte ich wunderbare Parallelen. Ich hatte den Eindruck, die Natur spricht mit mir. Das Spannende an der Sache war, dass dieses Wissen – die Lehre der Natur – überall schon vorhanden war. Ich fand es in alten Kinderliedern wieder. Auch Bauern, die mit dem Rhythmus der Natur ihre Arbeit vollbrachten, kannten dieses Wissen. Ich konnte es plötzlich überall entdecken, und trotzdem hatte ich den Eindruck, dass es den meisten Menschen nicht bewusst war. Es war zwar sichtbar und doch sahen sie es nicht. Etwas, das offensichtlich ist, war unsichtbar geworden.

Ich nenne dieses Wissen die Kreisläufe der Natur. Durch sie entfaltet sich das Leben hier auf Erden wie durch Magie. Unser Leben ist nicht linear. Unser Leben ist verbunden mit diesen Kreisläufen und entfaltet sich deshalb wie eine Spirale. Eine Spirale, die alles mitnimmt, was uns ausmacht, und uns dadurch wachsen lässt. Doch was sind die Kreisläufe der Natur?

Es sind die Rhythmen unserer Welt: der Rhythmus der vier Jahreszeiten, der Sonne und des Mondes, der Rhythmus unseres eigenen Seins. All diese Rhythmen sind miteinander verbunden. Sie bestimmen unser Leben und haben eine unglaubliche Kraft in sich. Durch ihre Ganzheitlichkeit habe ich endlich einen Turnus entdeckt, der auch für mich umsetzbar war. Ich nahm ihn an. Zuerst ganz langsam.

Ich ging mit der Symbolik und Qualität eines jeden Monats mit. Öffnete mich für seine Botschaft und spürte, wie diese mich erdete. Wie ich ruhig wurde und achtsam mir selbst gegenüber. Ich spürte jedoch noch etwas anderes. Endlich spürte ich wieder diese wunderschöne und wohltuende Kraft in mir. Indem ich meinen Rhythmus dem der Natur anglich, kam ich an. Bei mir. Ich fand den Halt, den ich so lange

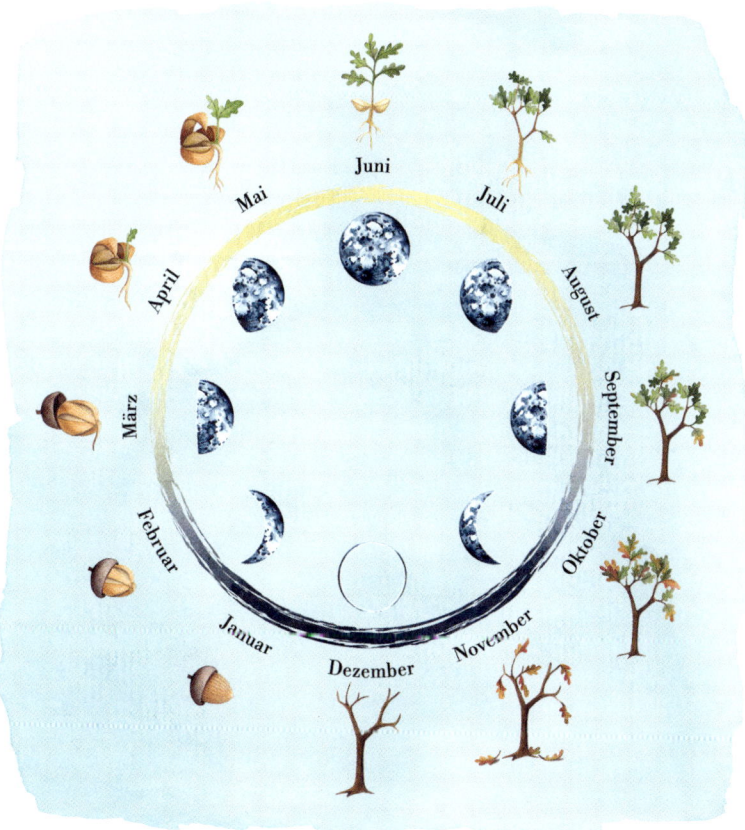

gesucht hatte. Ich entdeckte den gleichen Rhythmus der Jahreszeiten im Rhythmus des Mondes wieder. Und es ging noch weiter. Auch unser Tagesrhythmus – der Verlauf der Sonne – war identisch. Sie alle hatten die gleiche Botschaft, die gleichen Qualitäten, die gleiche Weisheit.

Jede dieser Qualitäten hat eine Hauptbotschaft für dich und dein Leben. Sobald du dieser Botschaft gegenüber achtsam wirst und ihr auch Platz in deinem Leben gibst, wird sich alles verändern. Mit ihr hast du das stärkste Werkzeug überhaupt zur Hand. Ein Werkzeug, das dich deinen Weg gehen lässt. Neugierig? Dann los.

Ihre Botschaft an dich

Unsere Jahreszeiten, der Mondrhythmus sowie auch unser Tagesverlauf haben eines gemeinsam. Wir können sie in vier Hauptphasen unterteilen, in denen jede Qualität des jeweiligen Rhythmus mit den anderen übereinstimmt. Du findest im Klappentext und auf der vorigen Seite eine Illustration.

Dort sind alle drei Kreisläufe abgebildet. Zwar hat jeder Kreislauf seinen eigenen Zeitfaktor, doch in ihrer Ganzheit sind sie alle miteinander verbunden. Die Eichel und die Eiche stehen für den Jahreskreislauf sowie die vier Jahreszeiten, also das Jahr. Der Mond steht mit seinem Kreislauf für den Monat und der Lichtschweif steht für den Tag.

WINTER, NEUMOND, NACHT

Der Winter ist der Zeitpunkt der Stille und des Rückzugs. Es ist ein Rückzug, um sich auszuruhen, zu sich zu kommen, zu sein. Im Winter hält die Natur Winterschlaf. Den ganzen Herbst über hat sie die Zeit genutzt, um sich für diese wichtige Phase vorzubereiten. Sie hat gesammelt, gehortet, beschützt und erbaut. Jedes Tier, jede Pflanze, jeder Baum weiß, was es zu tun gilt, um den Winter wohlbehütet zu überbrücken. Nicht alle Tiere und Pflanzen ziehen sich vollends zurück, doch wir spüren ganz klar, es herrscht Ruhe. Denk an einen Wald im Winter. Was fühlst und siehst du? Alles ist still und leise. Vielleicht raschelt es ab und zu im Gebüsch oder du hörst einen Vogel, wie er plötzlich davonfliegt, doch die Stimmung ist ausgesprochen ruhig. Sie ist nicht bedrückt oder traurig, sondern einfach bedacht und friedvoll. Der Winter steht symbolisch für die Nacht sowie den Neumond. Alle drei haben die gleichen Qualitäten. Dunkelheit, Ruhe, Stille und Intuition. Doch sie stehen noch für viel mehr. Im Winter beginnt der Kreislauf des Lebens neu. Die ersten wichtigen Schritte wurden sogar schon im Herbst getätigt. Denn dann wurden Keimlinge, Samen und Nüsse gelegt. Alles wurde geerntet und verarbeitet. Der Rest wurde voller Vertrauen dem Schutz der Mutter Erde übergeben.

Der Neuanfang der Natur geschieht im Winter. Dann, wenn sie ruht. Damit sie mit der wiederkehrenden Sonne emporwachsen kann. Doch sie braucht die Ruhe, diese Wochen vermeintlichen Stillstands, damit sie voller Kraft aus der Tiefe hervorkommen kann. Schau dir die Zweige und Äste von Bäumen und Büschen an. Alle Knospen stehen schon im Winter bereit. Alles ist da, sie wissen, dass der Kreislauf weitergeht. Sie wissen, dass sie erblühen werden. Doch sie wissen auch, dass es diese Pause braucht. Sie ziehen sich voller Vertrauen zurück und warten, bis die Wärme der Sonne sie zum Leben erweckt.

Dieses Warten dauert mehrere Monate. In unserer Gesellschaft ist das fast schon ein Ding der Unmöglichkeit geworden – so lange zu warten. Wir erwarten immer sofort Resultate, Antworten und Ergebnisse.

Doch die Natur zeigt uns, dass alles seine Zeit hat und auch Zeit braucht. Nichts wird erzwungen, alles ist. Ich empfinde diese Botschaft als so wertvoll. Denn sie nimmt uns den Druck. Sie geht auch hier mit gutem Beispiel voran und lehrt uns Geduld und Vertrauen. Geduld, damit alles zu seiner Zeit hervorkommen kann, sowie Vertrauen in das Werden.

Nicht nur der Winter steht für die Stille und Dunkelheit, auch der Neumond sowie die Nacht stehen dafür. In einer Neumondnacht ist es absolut dunkel. Es ist die dunkelste Zeit an unserem Firmament, genauso wie wir den Winter als die dunkelste Zeit des Jahres wahrnehmen. Diese Dunkelheit kann beängstigend sein, doch sie hat ihre ganz eigene wertvolle Botschaft für uns. In der Dunkelheit sehen wir mehr, als wir meinen. Wir verlassen uns nicht nur auf unsere Augen, sondern aktivieren auch unsere anderen Sinne. Da wir im Außen keinen Orientierungspunkt haben, richtet sich unsere Aufmerksamkeit nach innen. Wir öffnen uns dadurch eher für unsere Intuition. Nicht umsonst fühlen wir in der Nacht anders als am Tag. Unsere Antennen sind anders geschaltet. Und deshalb ist der Winter, der Neumond sowie auch die Nacht die wertvollste Zeit, um sich mit der eigenen inneren Stimme zu verbinden.

DER WINTER, DER NEUMOND SOWIE DIE NACHT LEHREN UNS, ...

- Rückzug zu halten,
- sich Ruhe zu gönnen,
- in die eigene Stille zu gehen,
- sich mit seiner Intuition zu verbinden,
- die eigenen Intentionen zu ergründen,
- den Fokus sowie Energien nach innen zu kehren,
- Vertrauen in das Werden zu haben,
- sich Zeit und Geduld zu schenken,
- dass Stillstand nötig ist, damit Resultate sichtbar werden können,
- dass in der Stille der Kreislauf des Lebens neu beginnt.

FRÜHLING, ZUNEHMENDER MOND, VORMITTAG

Der Frühling steht für Aufbruchsstimmung, für Neubeginn und für unbetretene Pfade. Waren die Energien im Winter nach innen gekehrt, so wenden sie sich nun langsam, aber sicher wieder dem Außen zu. Die Sonne erweckt die Natur zum Leben. Die Tage werden wieder länger, das Leben kehrt zurück. Alle Pflanzen und Bäume erwachen. Ihre Säfte beginnen zu fließen, was erstarrt war, wird befreit und findet seinen Weg. Pure Lebensfreude kommt hervor. Alles ist in Bewegung. Wohl kaum eine Jahreszeit steht so für Hoffnung und Zuversicht wie der Frühling. Die ersten wichtigen Schritte wurden schon im Winter getan.

Erst durch die Ruhe konnte alles an Kraft gewinnen. Indem nun die Sonne die Pflanzenwelt zum Leben erweckt, dürfen alle Samenkörner, alle Keimlinge, alle Knospen sich öffnen und zeigen. Es ist unglaublich, welche Kräfte hier am Werk sind. Denk an die ersten Blumen im Frühjahr – ein Schneeglöckchen, das mit seinem eisernen Willen und seiner inneren Kraft sogar Schneedecken überwinden kann. Denk an einen Waldboden Anfang März. Abertausende von grünen und winzigen Kraftpaketen kommen langsam, aber sicher zum Vorschein. Ihre Kraft ist unaufhaltsam. Es können Frost, Schnee und Kälte kommen, doch schlussendlich findet die Natur immer ihren Weg und der Kreislauf geht somit weiter.

Auch die zunehmende Phase des Mondes sowie der Vormittag stehen für die gleichen Qualitäten. Alles hat erst begonnen, der Kreislauf startet neu. Wir wissen am frühen Morgen noch nicht, was der Tag uns bringen wird. Noch wissen wir mit der aufstrebenden Kraft des Mondes, was der Vollmond uns bringen wird. Doch wir können diese Kraft des Neubeginns für uns nutzen und mit gutem Willen vorangehen. Auch in der Zeit des Frühlings wissen wir nicht, was das Jahr uns bringen wird. Doch wir verspüren Hoffnung. Der Frühling schenkt Verheißung. Er schenkt uns Mut – ein Gefühl von Verliebtheit – das uns langgehegte Projekte angehen lässt. Die Kraft des Frühlings, die Kraft des zunehmenden Mondes sowie die Kraft des Vormittags rütteln uns wach. Sie lassen uns unseren Weg gehen, auch wenn wir nicht wissen, was auf uns zukommen wird.

Der Frühling mit seiner Symbolik schenkt uns auch Vertrauen. Wir freuen uns an all den Knospen, die sich langsam öffnen. Doch wir erwarten nicht, dass die Blumen und Blätter in einer bestimmten Form oder Farbe erblühen. Wir empfinden einfach nur Freude an der puren Schönheit der Offenbarung. Wäre es nicht wunderbar, würden auch wir so mit uns und unseren Liebsten umgehen? Wenn wir keine Erwartungen hätten, sondern einfach nur pures Vertrauen empfinden würden in das, was hervorkommen darf? Die Entfaltung einer Knospe wird mit kindlicher Neugierde bestaunt. Wie würde unser Leben aussehen, wenn auch wir mit dieser wohlwollenden Achtsamkeit uns selbst entdecken würden? Uns beobachten, bestaunen und uns alle Zeit der Welt schenken würden, das hervorzubringen, was hervorkommen will?

Es liegt in der Essenz und Bewegung der Natur, dass es immer auch eine Zeit des Wachstums, der Entfaltung gibt. Dafür steht der Frühling. Hätten wir nur mehr Vertrauen in dieses Wachsen, könnten wir uns selbst mehr Vertrauen schenken und oftmals weniger Druck empfinden. Er steht dafür, dass wir mit dieser unbändigen und unaufhaltsamen Kraft mitgehen dürfen und dadurch Vertrauen schöpfen. Vertrauen in unsere eigene Entfaltung. Eine Entfaltung, die nur uns eigen ist. Das führt dann zu einer langsamen, aber stetigen Öffnung, die all das zum Vorschein bringt, was gesehen werden darf – gesehen werden will. Unsere pure Essenz, unser Innerstes, unsere Botschaften des Herzens. Die Intentionen.

DER FRÜHLING, DER ZUNEHMENDE MOND SOWIE DER VORMITTAG LEHREN UNS:

- Die Natur erwacht jedes Jahr neu.
- Die Kräfte der Natur sind unaufhaltsam.
- Aufbruch, Neugierde und Neubeginn gehören unbedingt zum Leben dazu.
- Nach jeder dunklen Nacht erfolgt der Tag.
- Nach jeder stillen und dunklen Phase erfolgt Wachstum.
- Alles wird erblühen, alles zu seiner Zeit.
- Die Natur schenkt uns Hoffnung, Zuversicht und Mut.
- Die Offenbarung, Vielfalt und Entfaltung der Natur ist pure Schönheit.
- Die Natur kennt keinen Druck, sie gibt sich ganz ihrem Rhythmus hin.
- Die Natur geht ihren Weg.

SOMMER, VOLLMOND, MITTAG

Der Sommer steht für den Höhepunkt im Jahresverlauf. Alle Kräfte sind nun nach außen gerichtet. Alles zeigt sich in seiner schönsten Form. Das Ziel der Natur, zu wachsen und zu gedeihen, ist erreicht, nun darf sie sein. Ich empfinde den Sommer immer wieder wie eine Gipfelbesteigung. Der höchste Stand ist erreicht. Höher hinaus geht es nicht mehr. Die Aussicht darf genossen werden, die wohlverdiente Verschnaufpause ist da, bevor es dann wieder bergab geht. Alles, was hervorgekommen ist, wird sichtbar. Die unglaubliche Fülle, Farben- und Formenvielfalt der Natur offenbart sich im Sommer als wunderbarer Ausblick. Nach diesem Höhepunkt werden sich die Kräfte der Natur langsam, aber sicher wieder zurückziehen. Es wird die Zeit der Reifung beginnen. Bis dahin darf dieser Höchststand genossen werden.

Wir erkennen diesen Höhepunkt nicht nur im Sommer, sondern auch im Mondrhythmus oder in unserem Tagesverlauf. Der Sommer

steht sinnbildlich für den Vollmond sowie für die Mittagszeit. Genauso, wie die Kräfte der Natur nicht noch weiter hinauskönnen, kann auch der Vollmond nicht noch voller erscheinen. Er steht da, in seiner unglaublichen Fülle und Schönheit, und leuchtet hell. Er steht für die Sinnlichkeit, für den puren Genuss und für das Zeigen der eigenen Größe. Auch der Mittag steht für den Höhepunkt im Tagesverlauf. Wir können nicht noch weitergehen, es gilt, sich nach dem Mittag langsam, aber sicher der nächsten Phase zu widmen. So lehren diese Rhythmen uns nicht nur, dass alles seine Zeit hat, sondern auch, dass die Höhepunkte gefeiert werden sollten. Sie lehren uns zu sehen, was ist. Die volle Schönheit des puren Moments zu genießen. Der Sommer, der Vollmond sowie der Mittag stehen für die Üppigkeit, für die Fülle, für die pure Kraft. Auch für den Stolz, für Expansion und Vielfalt.

Doch sie stehen auch dafür, dass jede Wachstumsphase einen Zeitpunkt des Stillstands hat. Und dass nach jeder Ausdehnung auch wieder eine Zeit der Abnahme erfolgt. Nur so geht der Zyklus weiter, nur so kann nachhaltiges Wachstum entstehen.

Die schönste Botschaft des Sommers ist schlussendlich: einfach zu sein. Den Moment, das Jetzt zu genießen. Die Natur weiß, dass schon bald der Rückzug erfolgen wird, umso mehr genießt sie, was ist. Sie streckt sich so weit hervor, wie sie kann. Sie zeigt ihre Fülle und Vielfalt ohne Begrenzung, weder mit Scham noch mit Eitelkeit. Sie ist einfach. Jedes noch so kleine Lebewesen gehört dazu und zeigt sich in der eigenen Einzigartigkeit und Schönheit. Und noch etwas: Jedes einzelne Wesen wird gebraucht. Alle zusammen gehören zum großen Kreislauf des Lebens und werden benötigt, damit dieser Kreislauf auch weitergeht. Doch nur, indem sie sich entfalten und sind, was sie sind, kann der Kreislauf überhaupt bestehen.

DER SOMMER, DER VOLLMOND SOWIE DER MITTAG LEHREN UNS, ...

- den Moment zu genießen,
- im Hier und Jetzt zu sein,
- in die eigene Größe zu gehen,
- die Schönheit, Vielfalt und Fülle der Natur zu honorieren,
- dass nach jeder Phase der Ausdehnung eine Phase der Abnahme erfolgt,
- dass Scham oder Eitelkeit fehl am Platz sind, wenn es um das eigene Sein geht,
- dass jedes Wesen einzigartig ist,
- dass jedes Wesen gebraucht wird, so wie es ist,
- dass Wachstum nötig ist, um in die eigene Fülle gehen zu können,
- dass der Höhepunkt da ist, um Rast zu halten.

HERBST, ABNEHMENDER MOND, ABEND

Im Herbst kommen die Kräfte der Natur langsam wieder zur Ruhe. Die Energieströme wenden sich nach innen. Es ist, als würde eine unsichtbare Kraft alles, was hervorkam, langsam, aber sicher wieder zurückziehen. Dieser Prozess geschieht nicht von heute auf morgen, doch er ist spürbar und auch sichtbar. Alles kommt langsam zur Ruhe, der Kreislauf beginnt sich zu schließen. Doch bis es soweit ist, darf noch geerntet werden. Der Herbst ist die Zeit der Reife und der Ernte. Es ist die Zeit des Schnitts und des Loslassens.

Da die Kräfte langsam schwinden, werden die Früchte der Ernte voller Vertrauen der Erde übergeben. Voller Vertrauen, weil es zwei Aspekte beinhaltet. Den Aspekt der Ernte, was zur Reifung kam. Sowie den Aspekt des Loslassens, was nicht zur Reifung kam. Denn nichts in der Natur geschieht umsonst. Auch ein vermeintlicher Verlust wird wohlwollend der Erde und dem neuen Kreislauf übergeben und kann so vielleicht im nächsten Jahr vollends zur Reifung kommen. Dieser Gedanke ist oftmals tröstend. Er hilft, mit Achtsamkeit und Vertrauen die Themen des Loslassens zu verstehen.

Der Herbst ist wohl der Meister des Loslassens. Doch auch die abnehmende Phase des Mondes oder der späte Nachmittag und die Abendstunden stehen im Zeichen des Loslassens. Der Mond zieht sich

zurück, er wird von Tag zu Tag weniger sichtbar. Genauso auch die Sonne. Wir lassen den Tag langsam ankommen und kommen dadurch auch zur Ruhe. Die Natur zeigt uns auf eindrückliche Art und Weise, wie wichtig der Rückzug, das Ausruhen sowie das Ankommen sind. Denn ohne diese wertvolle Phase kann sie sich nicht freischaffen. Sie muss alles loslassen, damit sie sich vollends zurückziehen kann. Und erst beim totalen Rückzug kann sie wieder ihre eigenen Kräfte aktivieren, damit zum Frühling hin alles gedeiht. Das Loslassen gehört zum Kreislauf dazu. Ohne das Loslassen kann nichts Neues entstehen. Diese Erkenntnis ist so wichtig und wertvoll, für alle Lebewesen dieser Erde – auch für uns Menschen. Doch bevor wir loslassen können, müssen wir uns auch bewusst werden, wo wir diesen so wichtigen und wertvollen Schnitt vollziehen. Wir brauchen die wohltuende Phase der Rückschau, der Erkenntnis, damit wir weise unsere Entscheidungen fällen können. Was gewann durch die Phase des Sommers an Kraft und kann nun geerntet werden? Wo ist wiederum ein Schnitt nötig, damit neuer Raum entstehen kann?

In der Natur können wir beobachten, dass jede Pflanze, jeder Baum, jedes Tier seinen eigenen Rhythmus der Reifung hat. Sie alle gehen mit dem großen Rhythmus des Jahresverlaufs mit, doch in sich hat jedes Lebewesen seinen eigenen Takt. Es gibt Bäume, die lassen ihre Blätter los, kaum hat der Herbst begonnen. Und es gibt Bäume, die von außen gesehen zögerlich mit dem Loslassen umgehen. Die lieber noch ein wenig warten und sich Zeit nehmen. Alles ist richtig, denn jedes Lebewesen weiß innerlich, wann der Zeitpunkt da ist, um einen Schritt weiterzugehen. Sie lassen sich nicht stressen, noch lassen sie zu, dass irgendeine Phase übergangen wird. Es würde ihnen gar nicht in den Sinn kommen. Wieso auch? Sie spüren, wie wertvoll alle Phasen sind und wie wichtig es für das Leben ist, ganzheitlich alle zu leben.

Im Herbst wird ersichtlich, was entstehen konnte. Dieses Sehen kann auch als Erkenntnis verstanden werden, denn Sichtbarkeit lässt verstehen. Es ist die Zeit der Retrospektive, des Bewusstwerdens und dadurch auch der Beginn der inneren Weisheit. Erst wer auch diese Jahreszeit erlebt hat, mit all seinen Herbststürmen, kann zu einem Zustand des Wissens gelangen. Denn erst wenn alle Phasen des Lebens erlebt wurden, kann ganzheitlich gesehen werden. Und dieses ganzheitliche Sehen verstehen wir Menschen wohl als Weisheit. Es ist genau dieses Wissen, das zulässt, dass wir uns voller Vertrauen in den nahenden Winter begeben. In den vermeintlichen Tod, um dadurch neu aufzuerstehen.

DER HERBST, DER ABNEHMENDE MOND SOWIE DER ABEND LEHREN UNS, ...

- dankbar die Ernte anzunehmen, die zur Reifung kam,
- dass das Loslassen zum großen Kreislauf des Lebens dazugehört,
- dass es ohne Loslassen keinen Neubeginn gibt,
- dass nichts umsonst ist, alles seinen Sinn hat,
- dass jeder Zyklus seinen Stand der Reifung hat, was noch nicht reif genug ist, darf weitergedeihen,
- dass der Herbst für das Loslassen, doch auch für das Vertrauen steht,
- dass es den Rückzug braucht, um still zu werden,
- dass jedes Lebewesen seinen eigenen Rhythmus hat,
- dass es alle Phasen braucht, um ganzheitlich zu sein.

Die Kraft aus der Natur – ein machtvoller Taktgeber

Wenn wir die Kreisläufe der Natur betrachten, wird uns bewusst, dass jede Phase des Kreislaufs nötig ist, damit Leben entstehen kann. Es braucht den Verlauf der Sonne, der uns den Tag sowie die Nacht beschert. Es braucht den Verlauf des Mondes, der Ebbe und Flut sowie die anderen Rhythmen auf dieser Erde bestimmt. Und es braucht die Jahreszeiten, damit Flora und Fauna gedeihen können. Was wäre, wenn ich dir sage, dass auch du diesen Rhythmus brauchst? Dass du ihn sogar in dir hast? Du bist Natur. Wir alle sind verbunden mit der Natur. Verwoben mit den großen Rhythmen des Lebens. Wenn ich dir also sage, dass auch du Natur bist, dass auch du diesen Rhythmus in dir hast, kannst du ihn dementsprechend auch für dich und deine Intentionen nutzen.

Stell dir nochmals die vier verschiedenen Qualitäten und Botschaften in der Natur vor. Dieser Kreislauf bestimmt das ganze Leben auf unserer Erde. Es gibt Gegenden auf unserer Erde, wo die Qualitäten in einem anderen Rhythmus zum Zuge kommen, wie die Tropen, die Wüste oder auch die Arktis sowie die Antarktis. Doch alle haben eines gemeinsam, die verschiedenen Qualitäten kommen immer zum Tragen. In einem anderen Rhythmus, aber sie sind alle beteiligt.

Was heißt das nun für dich? Was heißt es für deine Intentionen? Nun, wenn wir sehen, dass die Natur alle vier Stadien braucht, um wachsen zu können, um sich so zu entwickeln, wie es ihr eigentlich zu-

Wir sind stets verbunden mit den
Rhythmen der Natur.

steht, dann behaupte ich, dass auch wir es brauchen. Und nicht nur wir, sondern auch unsere Intentionen. Wir sind ja unsere Intentionen. Wenn wir also unseren Rhythmus mit dem der Natur abgleichen, entwickelt sich eine unglaubliche Kraft. Eine Kraft, die tiefe Wurzeln schlägt. Eine Kraft, die zu wachsen beginnt. Eine Kraft, die Halt gibt und Struktur. Eine Kraft, die unaufhaltsam ist. Denn es ist die Kraft des Lebens, der Natur, des Universums. Und – es ist auch deine Kraft.

Das ist die Magie, von der ich spreche. Das ist die Power, die du auch für dich nutzen kannst. Wenn du alle vier Qualitäten in deinem Leben zulässt, wirst du ganzheitlich. Und indem du ganzheitlich wirst, bist du bei dir. Du kannst diese Kraft für dich und deine Intentionen nutzen. Du vermisst nichts mehr. Du brauchst nichts mehr im Außen zu suchen, denn du stellst fest, dass alles schon da ist. In dir. Dass du eine ganze Armada an Kräften in dir hast, die dir helfen, deinen eigenen Weg zu gehen. Dass du immer begleitet bist, von der Intuition, aber auch von den Kräften der Natur. Es ist unglaublich, was entstehen kann, wenn wir uns dafür öffnen.

Was mich immer wieder in Erstaunen versetzt, ist, dass dieser Rhythmus meine Intentionen sogar noch verstärkt und fördert. Sie gehören zusammen. Diese Erkenntnis hat mich sprachlos zurückgelassen und ich bin noch immer, nach so vielen Jahren, voller Demut und Dankbarkeit ob diesem Geschenk. Denn ich empfinde es wirklich als Geschenk. Stell dir folgendes Szenario vor: Gehen wir davon aus, eine wichtige Intention von dir ist, dass du mehr Raum und Ruhe für dich selbst hast. Du bist gefordert von allen Seiten, sei es, weil du Kinder, einen sehr fordernden Beruf oder ein einnehmendes Umfeld hast. Du möchtest dich besser abgrenzen können, damit du mehr Zeit für dich hast. Wie nutzt du nun den Rhythmus der Natur, ihre Kraft, für dich und deine Intention?

Zuerst einmal zum Rhythmus: drei Hauptrhythmen gibt es, die unsere Welt prägen. Das ist der Jahreskreislauf mit den vier Jahreszeiten, das ist der Mondrhythmus mit seinem Rhythmus von 29,5 Tagen (also knapp einem Monat), und wir haben den Verlauf der Sonne als Tagesrhythmus. Welcher Rhythmus würde sich wohl am ehesten dazu eignen, einen kraftvollen Takt für dich zu entwickeln? Der Jahresrhythmus, der Monatsrhythmus oder der Tagesrhythmus?

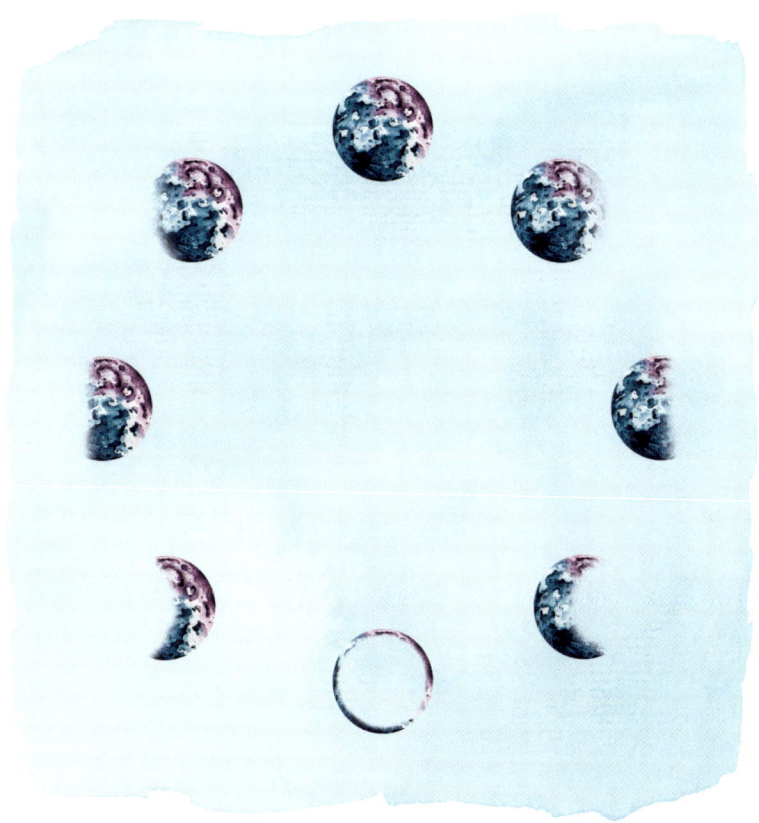

Es ist der Mond. Der Mond ist dein Taktgeber, dein guter Freund, wenn es um deine Intentionen geht. Der Mond hat einen Rhythmus von 29,5 Tagen. Sprich, pro Qualität hast du eine Woche Zeit, um dich mit der jeweiligen Botschaft auseinanderzusetzen. Wenn du dir und deinen Intentionen einen Jahresrhythmus gibst, verlierst du dich. Du lässt irgendwann los, weil dich der Alltag einholt. Wenn du alles innerhalb eines Tages erfühlen willst, überforderst du dich. Doch innerhalb eines Monats allen vier Qualitäten genügend Raum zu geben, ist durchaus machbar. Was aber heißt das für unser Beispielszenario, der Intention der Abgrenzung?

Der Kreislauf der Natur beginnt immer im Winter. Wenn wir dies nun auf den Mondrhythmus beziehen, ist es der Neumond. Du startest also deine Intention immer zu Neumond. Dann, wenn alles stillsteht und neu beginnt. Du setzt deine Intention, dass du dich abgrenzen willst. Du schreibst sie dir auf und verbindest dich mit ihr.

Danach gehst du langsam in die Qualität des Frühlings hinüber. Was heißt das für dich und deine Intention? Der Frühling steht für Aufbruch. Dafür, dass die Energien sich von innen nach außen wenden. Der Mond mit seiner aufstrebenden Energie lädt dich deshalb dazu ein, dir die Frage zu stellen: Was kannst du JETZT tun, damit du diesem Ziel einen Schritt näherkommen kannst? Es geht nicht darum, was irgendwann einmal sein soll. Es geht darum, was du JETZT, konkret JETZT tun kannst, damit du wirklich auch deine Abgrenzung leben kannst. Du musst dich diesen Fragen stellen, denn sonst wird nie etwas geschehen. Und der Mond, mit seiner aufstrebenden Kraft, hilft dir dabei. Denn er zeigt sich von Tag zu Tag mehr und lädt so auch dich ein, immer mehr aus dir herauszukommen und für dich und deine Intentionen einzustehen. Wo kannst du JETZT auch mal NEIN sagen und somit JA zu dir? Wo spürst du, wäre es eigentlich sinnvoll, wenn du dich abgrenzt? Was würde das für dich bedeuten?

Gehen wir weiter. Du hast nun die Qualität des Frühlings erlebt und konntest vielleicht ein paar Schritte in Richtung deiner Intention gehen. Du konntest Zeit für dich finden. Ohne schlechtes Gewissen oder innere Kämpfe. Du hast es vielleicht geschafft, NEIN zu sagen und somit JA zu dir. Was nun kommt, ist der Sommer, der Vollmond. Und der Vollmond steht für die Fülle und für den Höhepunkt. Es geht darum, das zu genießen, was ist. Stolz zu sein – auf dich. Es ist das bekannte Schulterklopfen, das wir uns viel zu selten geben. Feiere auch die kleinsten Erfolge oder einfach das, was ist. Bereits, dass du dir bewusst bist, dass du mehr für dich einstehen willst, ist ein Erfolg. Entdecke in diesen Tagen auch die Schönheit in deinem Leben. Tu dir Gutes. Darum geht es in der Qualität des Sommers. Halte inne, genieße, was ist, bevor es dann weiter in den Herbst geht, wo du Rückschau hältst und deine Ernte anerkennst.

Im Herbst, zur abnehmenden Phase des Mondes, prüfst du ehrlich, aber auch wohlwollend, was war. Du blickst zurück und fragst dich, was habe ich getan, um meiner Intention einen Schritt näherzukommen? Wo hätte ich mich vielleicht mehr für mich einsetzen können, habe mich aber nicht getraut, oder es war mir nicht möglich? Wo hat es aber funktioniert, wo möchte ich das nächste Mal wieder so ein Erfolgserlebnis haben? Was kann ich mitnehmen an Erfahrungen, damit es beim nächsten Mal bessergeht? Und was will ich loslassen, was empfinde ich als Schwere und gebe es nun ab? Anhand der Antworten auf diese Fragen definierst du für dich deine Erkenntnisse und nimmst diese mit in den Winter. In die Zeit, in der du dich ganz zurückziehst. In deine Stille gehst und somit deine Intention neu setzt. Der Kreislauf beginnt neu. Der Neumond lädt dich dazu ein, deine Intentionen zu setzen. Immer und immer wieder.

Ich kann mir gut vorstellen, dass es noch nicht ganz gegriffen hat, denn obwohl es eigentlich so simpel ist, brauchte auch ich Jahre, bis ich die Kraft dahinter sah. Die Kraft der Intention an und für sich ist unglaublich machtvoll. Denn sie bewirkt, dass du dich deinem eigenen Sein stellst. Sie zwingt dich hinzuschauen, in dich hineinzugehen und zu erkennen, was du bist. Doch erst mit dem Rhythmus der Natur, mit dem Takt des Mondes, kannst du aus dieser Kraft, oder sagen wir aus diesem Potenzial, die Veränderungen einlenken, die wirklich nachhaltig und wirksam sind. Die Kraft der Intention in Kombination mit dem Rhythmus der Natur ist unschlagbar. Sie ist unaufhaltsam, weil du die unendliche Energie des Universums für dich und deine Intention nutzt.

Was es so wertvoll macht:

- **Du überforderst dich nicht.** Du hast zwar die Natur, vor allem den Mond, als deinen Taktgeber, aber du erwartest nicht von dir, gleich vom Tag X an dein Leben zu verändern. Das geht nicht. Doch wenn du mit diesem Rhythmus mitgehst, hast du die Nachhaltigkeit, die gesund ist und die etwas in deinem Leben bewirken kann.
- **Du kannst jeden Monat in alle vier Qualitäten der Natur eintauchen.** Du kannst so jeden Monat für dich ganzheitlich leben und all ihre Weisheit und Botschaften für dich nutzen. Doch nie mit Stress oder Erwartungen. Denn du weißt, dass diese schlicht nicht vorhanden sind in der Natur.
- **Du setzt dich nicht unter Druck.** Du weißt, wenn du deine Intention nicht bei diesem Kreislauf erreichst, ist es okay. Denn du hast beim nächsten Monat gleich nochmals die Chance, aktiv zu sein. Und du

tust es solange, bis du es geschafft hast. Du wirst dir gerecht. Dein Rhythmus, dein Leben, begleitet von den Kräften der Natur.

- Damit du etwas wirklich innerlich verankern kannst, braucht es die Wiederholung. Unser Gehirn funktioniert so. Auch wenn du dir etwas ganz fest wünschst, erst wenn du es immer und immer wieder versuchst und hartnäckig, aber auch wohlwollend in dein Leben integrierst, bekommt es langsam den Raum, der ihm zusteht. Du schaffst dir so dein Leben, wie es für dich passt und dir gefällt. Beharrlich, aber ohne Druck.

- Du integrierst so alle Qualitäten und wirst ganzheitlich. Unsere Gesellschaft befindet sich vor allem in der Qualität des Frühlings. Sie ist permanent aktiv und weiß oftmals gar nicht mehr, was Stille bedeutet. Sie hat fast den Kontakt zur Natur und sich selbst verloren. Mit diesem Rhythmus geschieht dir das nicht mehr.

- Du bist immer in Kontakt mit dir selbst. Du prüfst immer wieder: Was kann ich? Was will ich? Was sagt mir meine Intuition? Was brauche ich jetzt? Niemand außer DIR weiß, was richtig für dich und dein Leben ist.

- Du hast mit dem Mond einen guten Freund an deiner Seite. Denn sein Rhythmus ist machbar, auch in unserer gestressten Welt. Einmal pro Woche ist es oft möglich, dich mit diesem Rhythmus, deinen Intentionen auseinanderzusetzen; was du vielleicht besser machen kannst, und auch, was schon gut gelaufen ist.

- Es gibt noch so viele weitere Gründe, wieso du mit dem Rhythmus der Natur mitgehen solltest. Der Wichtigste für mich ist, dass du so, mit diesem Rhythmus, dir selbst gerecht werden kannst. Du hast damit ein kraftvolles Werkzeug zur Hand, wie du geerdet, fokussiert, aber auch mit sehr viel Wohlwollen und ohne Druck deine Ziele erreichen kannst. Ich persönlich empfinde dies als das Wichtigste, was es gibt. Ich bin absolut davon überzeugt, dass wenn wir alle so leben würden, wenn wir alle die Sprache unseres Herzens verstehen und beginnen würden, uns nach ihr zu richten, unsere Welt ganz anders aussehen würde. Wir können vielleicht nicht ändern, was da draußen geschieht. Aber wir können unser Leben ändern. Wir können es ändern, indem wir uns ändern, den Umgang mit uns selbst. Indem wir uns endlich danach ausrichten, was gut für uns ist. Und sobald wir das tun, kommt eine ganz andere Energie in unser Leben, und das Schöne dabei ist: Auch unsere Liebsten, unser gesamtes Umfeld, profitieren davon.

Allerhöchste Zeit also, dass du damit startest. In der Illustration »Die Kreisläufe der Natur« (vgl. S. 83) findest du alle drei Kreisläufe zusammengefasst. So hast du immer einen Orientierungspunkt, wenn es um die Botschaft und die Qualität geht. Zusätzlich habe ich für dich auf meiner Homepage eine Download-Area (susanagarciaferreira.com/ mondkalender). Dort findest du einen Mondkalender mit allen vier wichtigen Phasen des Mondes. Nutze diesen Kalender. Oder schreib dir diese vier wichtigsten Orientierungspunkte in deinem Smartphone, in deiner Agenda oder wo auch immer auf. Hauptsache sie werden zu fixen Orientierungspunkten in deinem Leben.

Vielleicht war bis dahin der Mond für dich eine Begleiterscheinung der Natur. Ein Begleiter am Himmel, der dir ab und zu aufgefallen ist. Er kann nun zu viel mehr werden als das. Er ist dein Taktgeber. Er weist dich immer wieder darauf hin, was jetzt gerade gut für dich wäre. Ich glaube, es kommt nicht von irgendwoher, dass viele Bauern, Fischer und auch viele alte Völker ihre Arbeit und ihr Leben auf den Mondrhythmus abgestimmt haben. Er war für sie ihr Begleiter am Firmament. Durch ihn wussten sie immer, was wichtig für sie und ihre Liebsten war. Ist dieses Gefühl nicht einfach nur wunderbar? Wir alle müssen unsere Wege allein gehen. Wir haben vielleicht ganz viele liebe Menschen in unserem Leben, die uns begleiten, doch unseren Lebensweg gehen wir schlussendlich immer allein. Den kann niemand anderes für uns gehen. Wie tröstend, aber auch bestärkend ist es zu wissen, dass der Mond immer an unserer Seite sein wird.

All diese Rhythmen der Natur sehe ich persönlich als Geschenke des Lebens an. Sie sind da, tagein, tagaus. Immer an unserer Seite. Weisen uns in ihre großen Lehren ein. Zeigen uns, wie einfach unser Leben sein könnte, würden wir ihren Rhythmus mitgehen. Wie kraftvoll dieser Rhythmus für uns und unsere Intentionen sein könnte – sein kann. Vielleicht verstehst du jetzt, wieso ich am Anfang des Buchs gesagt habe: »Was offensichtlich ist, wurde unsichtbar«. Es wird Zeit, dass wir wieder zu diesem Rhythmus zurückfinden. Es muss dabei keine

Der Rhythmus der Natur ist auch
unser Rhythmus.

Umkehrhaltung stattfinden. Es muss auch kein Entweder-oder sein. Du kannst diesen Rhythmus auch in dein urbanes, digitalisiertes und aktives Leben integrieren. So soll es auch sein. Dieser Rhythmus soll das Beste aus dir herausholen und dich nicht zwingen, entscheiden zu müssen. Er soll dir helfen, aus deinem wunderbaren und einzigartigen Leben das herauszuschälen, was wichtig für dich ist. Das, was dich bereichert, was dich zum Leuchten bringt.

Ich schlage vor, dass du nun alles sich setzen lässt. Schau dir die Illustrationen an. Überlege dir, wie du diese Rhythmen in dein Leben einlassen kannst.

Wie du die Kraft aus der Natur für dich nutzen kannst

Gehen wir gemeinsam nochmals einen ganzen Kreislauf durch, damit er für dich greifbar wird. Danach folgen mehrere Beispiele aus meinem Leben, wie ich die Kraft der Intentionen in Kombination mit dem Mondrhythmus nutze. Zum Schluss möchte ich dir noch ein paar Erkenntnisse mit auf den Weg geben. Ich empfinde sie als sehr wichtig und hoffe, dass sie dir helfen, diesen Rhythmus in deinen Alltag integrieren zu können.

ENTDECKE DEN RHYTHMUS DER NATUR

Ein Keimling braucht mehrere Wochen, teilweise Monate, bis er sichtbar wird. In der ersten Phase geschieht so einiges. Er durchbricht seine Schale, kommt langsam hervor, dringt durch die Dichte der Erde hindurch und streckt sich immer mehr dem Sonnenlicht entgegen. Doch es ist noch immer alles dunkel und finster. Er ist nicht sichtbar von außen und trotzdem geschehen unglaubliche Fortschritte. Denk an diesen Keimling. Und denke auch daran: Wenn er die Erddecke durchbrochen hat und endlich zum Vorschein kommt, steht noch immer Wachstum bevor, bis die Pflanze kräftig und stabil genug ist, um auch größere Stürme überstehen zu können. Dein neuer Rhythmus ist dieser Keimling. Gib diesem Rhythmus Zeit. Gib diesem Rhythmus auch die Geduld, die Liebe und die Nachsicht, die er braucht. Nur so kannst du ihn zum Erblühen bringen.

Sei nachsichtig mit dir. Nicht nur jetzt, sondern auch in den kommenden Wochen und Monaten. Du versuchst nun, einen neuen Rhythmus in deinen Alltag zu integrieren. Das braucht Zeit und Geduld. Wenn du es nicht immer gleich schaffst, in die jeweilige Qualität abzutauchen oder sie so in deinen Alltag zu integrieren, wie du es gerne hättest, dann lass los. Verkrampfe dich nicht. Dies ist kein Wettlauf. Dies ist ein neuer Rhythmus, ein Rhythmus, der alles zulässt. Der dich dort abholt, wo du bist, und dich dann dorthin bringt, wo du hinwillst. Hier sollte es keine Wertung geben und auch kein Tadeln. Je mehr du gegen dich und dein Leben kämpfst, desto schwieriger wird es, den neuen

Rhythmus zu integrieren, und desto höher ist die Wahrscheinlichkeit, dass du aufgibst. Deshalb, nimm dir jeglichen Druck. Taste dich langsam heran und versuche, Schritt für Schritt diese neue Form des Lebens in deinen Alltag zu integrieren.

Nimm nun, wenn es dir möglich ist, den Mondkalender (susanagarciaferreira.com/mondkalender) zur Hand. Ich kann mir gut vorstellen, dass dieser dir dabei behilflich sein könnte, in die jeweilige Phase besser einzutauchen.

1. PHASE: NEUMOND

Starte jeweils mit einem Neumond. Das hilft dir, den Rhythmus zu integrieren, weil der Neumond für den Neuanfang steht. Ich wiederhole hier kurz die Qualitäten, die mit dem Neumond verbunden sind.

Qualitäten: Winter, Nacht, Stille, Ruhe, Rückzug, Intuition, Intention, Neuanfang, Absicht, unbeschränkte Möglichkeiten, Dunkelheit, Wunder, Sehen, Weisheit

Versuche, ein paar Tage vor Neumond in diese Qualitäten einzutauchen und in deine Stille zu gehen. Meditiere, halte Rückzug, gönn dir Ruhe und Erholung. Einfach alles, was dir hilft, dich innerlich zu leeren und dich mit deiner Intuition zu verbinden. Informiere dein Umfeld, dass du Ruhe brauchst. Falls zu Hause zu viel los ist, dann geh abends spazieren – allein. Nimm dein Tagebuch mit, wenn du willst, setz dich irgendwo hin und schreib dir deine Gedanken auf. Lass die Fragen: »Was will ich? Was brauche ich, damit es mir gut geht?« innerlich immer wieder auftauchen, doch verlange nicht gleich Antworten. Lass sie einfach wirken. Je weniger Druck du setzt, desto klarer kommen die Antworten zu dir. Sei dir aber auch bewusst, dass manche Antworten mehrere Zyklen brauchen, bis sie erscheinen. Und dann wiederum können Antworten sich auch verändern, anpassen und weiterentwickeln. Hör einfach gut in dich hinein. Nimm Kontakt auf mit deinem Herzen, und wenn du keine Antworten hörst, dann ist das auch okay. Sie werden kommen.

Vielleicht hilft dir auch nochmals ein Blick auf die Illustration »Der Kreislauf der Natur«. Die Tage vor Neumond sind vergleichbar mit dem Monat November. Ein dunkler und stiller Monat. Ein Monat, in dem wir alle das Bedürfnis haben, uns zurückzuziehen, in dem unsere Energien sich mehr im Innen wiederfinden als im Außen. Manchmal hilft es mir auch, das Jahr Revue passieren zu lassen. Ich überlege mir, was für mich schwierig war. Wo ich an meine Grenzen kam und was an mir gezehrt hat . Ich überlege mir aber auch, was mich genährt hat, wovon ich gerne mehr in meinem Leben haben will. Diese Rückschau hilft mir, meine Intentionen zu setzen. Denn oft ist es wertvoll, eine andere Perspektive einzunehmen, sich vom Jetzt zu lösen und rückblickend das eigene Leben anzuschauen.

Zum Neumond hin setzt du deine Intentionen klar und bestimmt. Du formulierst sie in der aktiven Form: »Ich bin ...«. Wichtig: Du musst deine Intentionen fühlen. Schließ deine Augen und stell dir vor, wie deine Intentionen hell und klar scheinen. Stell dir dabei deinen Leuchtturm vor. Er überstrahlt alles. Deine Intentionen, du, dein Leuchtturm scheinen ganz klar. Du bist dein Leuchtturm. Du schickst deine Signale hinaus, damit du sichtbar wirst.

Falls du es nicht schaffst, genau zum Neumond hin deine Intentionen zu setzen, ist das nicht schlimm. Du kannst sie auch ein paar Tage später setzen. Hauptsache, du bleibst in deinem Rhythmus und nutzt diese kraftvollen Energien für dich und deine Ziele. Es kann auch sein, dass du vor einem leeren Blatt Papier stehst. Dass da gar nichts rauskommt, obwohl dein Kopf eigentlich voll davon ist. Setze dich nicht unter Druck. Versuche, den Kopf zu lüften, nach draußen zu gehen, oder versuche, dich freizuschreiben, einfach draufloszuschreiben.

Meistens hilft das, sich zu lösen und plötzlich fließt es. Wenn du allgemein Mühe hast, deine Intentionen zu formulieren, dann ist weniger mehr. Versuche, dich auf zwei bis drei Grundgefühle zu konzentrieren. Gefühle, die für dich wichtig sind. Ein Beispiel: Ich bin frei ... Ich bin losgelöst ... Ich bin geerdet ... Ich bin geliebt. Wenn das auch nicht geht, dann lass es los. Lass es komplett los und versuche es beim nächsten Kreislauf. Du kannst es nicht erzwingen. Wohlwollen dir und deiner Situation gegenüber ist hier ganz wichtig. Je mehr du zulässt, je mehr du dir gegenüber wohlwollend bist, desto mehr kannst du dich für dich und deine Intentionen öffnen.

Ich werde oft gefragt, ob man bei jedem Kreislauf neue Intentionen setzen soll. Das empfehle ich dir nicht. Oder sagen wir es so, setze einfach immer die Intentionen, die dir dein Herz mitteilt. Gewisse Intentionen begleiten dich nur kurz, weil sie in Erfüllung gehen oder du feststellst, dass sich etwas verändert hat, und es dir nicht mehr wichtig ist. Gewisse Intentionen begleiten dich jedoch jahrelang. Alles ist richtig. Manche kommen plötzlich dazu und ergänzen die schon vorhandenen Intentionen. Sei einfach immer ehrlich zu dir. Höre gut der Stimme deines Herzens zu, öffne dich für deine Intuition, dann wirst du wissen, was richtig ist.

Die paar Tage nach dem Neumond gehören noch immer zur Qualität des Winters. Lass die Intentionen wirken. Lass sie in dir nachhallen. Gönn dir immer wieder Ruhe und Stille. Diese Tage stehen symbolisch mit dem Januar in Verbindung. Der Januar ist ein Monat voller Zuversicht, denn das Jahr hat erst begonnen. Doch dabei darfst du nicht vergessen, dass du noch immer in der Qualität des Winters bist. Ruhe und Stille sind wichtig, damit du dann kraftvoll in die aktivere Phase übergehen kannst.

2. PHASE: ZUNEHMENDER MOND

Der Mond wird sichtbarer und somit auch du. Prüfe für dich, wie du die nächsten Tage nutzen willst. Welche Schritte kannst du machen? Mögen sie noch so klein sein, sie sind wichtig. Sie bringen dich deinen Wünschen und Zielen ein Stück näher. Diese Tage sind vergleichbar mit den Monaten Februar bis Mai. In dieser Zeit geschieht jedes Mal ein Wunder in der Natur. Diese Kräfte kannst du nun symbolisch auch für dich nutzen.

Qualitäten: Frühling, Vormittag, aufstrebende Kraft, Aufbruch, Mut, Energie, Aktion, Wachstum, Durchbruch, Zuversicht, Euphorie, Jugendlichkeit

Die Tage des zunehmenden Mondes sind oft ein Balanceakt. Du pendelst zwischen Übereifer und fehlendem Mut. Lass dieses Pendel immer wieder ankommen. Lass es in der Mitte ankommen und du wirst deinen Rhythmus finden. Verlange nicht zu viel von dir, sei jedoch auch tapfer, wenn du spürst, dass dein Moment gekommen ist. Frage dich immer wieder: »Unterstützt mich diese Entscheidung, meinem Ziel ein Stück näherzukommen? Handle ich entsprechend meinen Intentionen? Was hindert mich daran, mich für meine Intentionen einzusetzen? Sind es vielleicht innere Hürden?«

Der Mond ist dein Taktgeber. Je mehr er wächst und sichtbarer wird, desto mehr kannst auch du für dich einstehen. Nutze seine aufstrebende Kraft. Schau ihn dir immer wieder an. Verbinde dich mit ihm. Mir hilft das immer sehr. Vor allem wenn ich zusätzlich noch an die Qualität des Frühlings denke. Das gibt mir dann einen zusätzlichen Ruck. Im Frühling sind wir ja auch mutiger als sonst. Wir trauen uns eher etwas zu, spüren diese kribbelnde Euphorie in uns. Ein Gefühl von Verliebtheit und unbeschränkten Möglichkeiten. Verbinde dich während der nächsten Tage mit diesen Qualitäten, du wirst erstaunt sein, wie viel sie in dir bewirken können.

Die Zeit des zunehmenden Mondes kannst du mit der Bauphase deines Leuchtturms vergleichen. Du konstruierst jetzt, mit dieser aufstrebenden Energie, deine Zukunft, so wie du sie dir wünschst. Deshalb empfehle ich dir, dich immer wieder zu hinterfragen: »Hilft mir mein Handeln? Unterstützt mich diese Entscheidung im Aufbau meiner Vision?«. Hör immer wieder gut in dich hinein und sei ehrlich. Sei aber auch wohlwollend, wenn du feststellst, dass du nicht immer für deine Vision einstehen kannst. Vielleicht braucht es einfach noch ein wenig Zeit. Vielleicht braucht es noch Mut. Vielleicht braucht es auch noch zusätzliche Unterstützung. Du hast in ein paar Wochen wieder die Chance, die zunehmende Kraft des Mondes für dich zu nutzen. Sei nicht enttäuscht. Akzeptiere es und versuche es einfach wieder beim nächsten Mal.

Es ist in Ordnung, wenn du nicht jede Chance ergreifst. Manchmal braucht es einfach Zeit. Ich habe zum Beispiel mehrere Zyklen durchlebt, bevor ich soweit war, mich selbstständig zu machen. Ich hatte immer wieder einen Wink, eine Chance, die ich ergreifen konnte, doch ich fühlte mich noch nicht soweit. Es ist sehr wichtig, dass du dich immer wieder mit dir selbst verbindest. Du immer wieder dich selbst fragst: «Bin ich soweit? Habe ich den Mut, den Willen und die Kraft zu springen? Diesen ersten wichtigen Schritt zu tun?». Je mehr du dich mit deiner Innenwelt und deiner Intuition verbindest, desto klarer wird die Antwort sein. Und dann, wenn der Zeitpunkt da ist, wirst du es wissen. Eine Chance, ein Zeichen des Schicksals wirst du für dich ergreifen. Und mit jedem dieser Schritte, mit jeder dieser Entscheidungen wirst du deine Innenwelt mit der Außenwelt in Kongruenz bringen. Sie werden immer mehr eins und dein Leuchten wird dadurch heller und heller.

Ich habe dir vom Mut erzählt. Davon, dass wir alle den Mut in uns haben, in unserem Herzen. Der Frühling erweckt diesen Mut. Mit seiner aufstrebenden und sprudelnden Kraft lässt er deinen Mut zum Leben erwachen. Den Mut, damit du deine Schritte machen kannst. Schritte, die dich auf den Weg zu dir und deinen Träumen bringen. Mut haben heißt, aktiv zu werden. Mut haben heißt, hervorzutreten. Mut haben heißt, Energie zu nutzen. Energie FÜR etwas. Für dich. Für deine Visionen. Für dein Leben. So verbinde dich mit der aufstrebenden Kraft des Frühlings und des Mondes. Nutze diese Qualitäten, um all das in Bewegung zu bringen, was für dich wichtig ist. Es ist nicht umsonst, dass der Frühling oder der zunehmende Mond auch mit dem Vormittag verbunden sind. Sie alle haben die gleiche Qualität. Alles steht offen. Alles steht dir frei. Der Tag hat erst begonnen.

Der Frühling, die aufstrebende Kraft des Mondes sowie die Qualität des frühen Morgens geben dir immer wieder die Chance, dich für dich zu entscheiden. Für das, was dir wichtig ist. Du musst dich dabei nicht verbiegen. Du musst nicht plötzlich hervorpreschen. Wenn du es willst und du es gerade brauchst: toll. Doch du musst nicht. Die Kraft dieser Phase ist rein dazu da, dich zu unterstützen. Es ist dein Rückenwind. Eine Art Flüstern, das dir Mut zuspricht; das dich dazu ermuntert aufzustehen. Deine Schritte zu machen, doch nach deinem Rhythmus. Nach deinem Gusto; so wie du dir und deinem Sein gerecht werden kannst. Jeder geht anders mit dieser Energie um. Das ist auch richtig so. Denn wir sind alle verschieden. Doch die Botschaft ist schlussendlich klar: Steh auf, komm mit mir mit. Lass dein Licht scheinen, von Tag zu Tag, immer mehr.

3. PHASE: VOLLMOND

Um den Vollmond herum sind alle Kräfte der Natur aufstrebend. Du kannst diese Tage sehr gut für dich nutzen, um aktiv deine Ziele voranzutreiben. Wärst du ein Segelschiff, dann hättest du nun wohl den Wind deines Lebens. Denn du musst nicht viel dafür tun, dass es vorangeht. Du kannst dich einfach mitreißen lassen und all das in Bewegung setzen, was dir wichtig ist. Diese Tage können gut mit dem Monat Mai verglichen werden, dem Wonnemonat schlechthin. Alles ist auf Wachstum und Ausdehnung eingestellt. Doch mit Vergnügtheit und purer Freude.

Qualitäten: Sommer, Mittag, Höhepunkt, Gipfel, Fülle, Ekstase, Freude, Schönheit, Leidenschaft, Größe, Stolz, Hochphase, Kraft, Leben, Ausdehnung, Pracht, Motivation

Zum Vollmond darfst du deine Erfolge feiern. Du darfst in deine einzigartige und wunderschöne Fülle gehen. Du darfst dich zeigen – so wie du bist. Stell dir vor, du hast nach einer langen und strengen Wanderung den Gipfel erreicht. Es ist traumhaftes Wetter und du kannst den Ausblick genießen. So fühlt sich die Vollmondzeit an. Du bist angekommen, du darfst nun einfach sein und den Ausblick auf dich wirken lassen. Du musst dich nicht mehr sichtbar machen, denn du bist schon dort, wo du sein musst. Zelebriere dein Sein. Genieße diese Hochphase, entdecke deine Sinnlichkeit, feiere das Leben.

Der Vollmond steht in Verbindung mit der Sommersonnenwende im Juni, dem Zeitpunkt im Jahresverlauf, an dem auch die Sonne ihren höchsten Stand hat. Zur Sommersonnenwende feiern wir den längsten Tag des Jahres. Danach ziehen sich die Kräfte der Sonne langsam, aber sicher wieder zurück. Genau wie der Vollmond.

Für dich und deine Intentionen ist der Vollmond die Zeit, in der du stolz auf dich sein kannst. Unsere Gesellschaft hat uns gelehrt, dass Stolz oft mit Hochmut gleichzusetzen ist. Das ist sehr schade, denn ich empfinde nichts Schlechtes dabei, stolz zu sein. Auf sich, auf seine Liebsten. Es ist doch wunderschön, wenn du jemandem sagen kannst: »Ich bin stolz auf dich«. Wieso sagen wir uns dies selbst so wenig und so selten? Es ist so wichtig, dass wir unsere Erfolge feiern. Auch die ganz kleinen Schritte. Nur so können wir die Kraft und Motivation entwickeln weiterzugehen. Nur so können wir im Einklang sein mit unseren Intentionen.

Vielleicht hilft dir auch hier ein Beispiel: Stell dir vor, du bist ein kleines Kind und lernst zu lesen. Die vielen Buchstaben und Wörter beängstigen dich und du glaubst, dass du es nie schaffen wirst, alle diese Wörter zu entziffern, geschweige denn in die wunderbare Welt einer Geschichte einzutauchen. Doch du beginnst, Schritt für Schritt. Du lernst ein Wort nach dem anderen. Du lernst immer mehr und mehr. Und irgendwann fügen sich in deinem Kopf und in deinem Herzen all diese Wörter zu einem großen Ganzen zusammen. Sie beginnen zu tanzen. Sie beginnen immer mehr, dir Freude zu bereiten. Jedes Mal, wenn du ein neues Wort entziffern konntest, spürst du pure Freude und Glück. Du bist stolz auf dich. Und irgendwann passiert es: Du stockst nicht mehr. Es fließt einfach. All diese Buchstaben, all diese Wörter, von denen du glaubtest, dass ihre Bedeutung dir immer fernbleiben würde, gehören nun zu dir. Sie fügen sich zu einer phantastischen Geschichte zusammen und nähren deinen Geist und dein Herz.

Siehst du dieses Kind vor dir, wie es vor Freude glüht und aufspringt? Empfinde genau diese Freude auch für dich. Hol sie aus dir hervor. Sie ist in dir. Wir alle haben diese innere Freude, dieses Gefühl, dass das Herz vor Glück zerspringen könnte. Verbinde alles, was du tust, mit dieser Freude und du wirst sehen, wie viel Kraft du dadurch gewinnen kannst. Sei stolz auf dich. Sei es wirklich.

4. PHASE: ABNEHMENDER MOND

Nach der Zeit der Fülle und der Hochgefühle kommt die Zeit des Aus-
atmens und der Ruhe. Entspannung macht sich breit. Du hast viel an
dir und deinen Intentionen gearbeitet. Nun kannst du ernten und dich
langsam, aber sicher zurückziehen.

Qualitäten: Herbst, Abend, schwindende Kraft, Loslassen,
Reflexion, Erkenntnisse, Entspannung, Dankbarkeit, Ernte,
Ausruhen, Wohlwollen, dunklere Jahreszeit, Melancholie,
Abschied

Die nächsten Tage stehen im Zeichen des Rückzugs. Du nimmst den
Fuß vom Gaspedal und lässt es langsamer angehen. Du nimmst das
Tempo raus und entschleunigst. Versuche immer wieder, dir kleine
Pausen zu gönnen und Rückschau zu halten. Wie haben sich die letzten
zwei bis drei Wochen für dich angefühlt? Was ist passiert seit dem letz-
ten Neumond?

Schau dir deine Intentionen nochmals an und prüfe, welche
Schritte du machen konntest. Wo konntest du für dich und deine Intentionen einstehen? Wo ist es dir schwerer gefallen? Weshalb? Was
hat sich gut angefühlt, was weniger gut? Solche Fragen dürfen dich in
den kommenden Tagen immer wieder begleiten. Nimm auch dein Tagebuch zur Hand und mach dir Notizen. Es sind genau diese Erkenntnisse,
die dir helfen, deine Intentionen noch kraftvoller neu zu setzen.

Doch auch hier, sei wohlwollend zu dir und deinen Erkenntnissen. Der Herbst ist ein Monat voller Güte. Verbinde dich mit dieser Qualität und schau dir den vergangenen Zyklus mit offenem Herzen an, ohne ihn gleich zu bewerten. Schau ihn einfach an und prüfe, welche Erfahrungen du daraus ziehen kannst. Was kannst du mitnehmen in den neuen Zyklus? Woran kannst du wachsen? Und was gibst du dankbar ab?

Die Zeit des abnehmenden Mondes ist auch die Zeit, mit achtsamen Ritualen alles loszulassen, was du nicht mehr in den neuen Zyklus mitnehmen willst. Manchmal braucht es mehrere Zyklen oder auch Jahre, bis du gewisse Themen loslassen kannst. Gib dir und deinem Leben die Zeit, die es braucht. Nutze die wertvolle Qualität des Herbstes, das Loslassen, damit du Platz machen kannst. Platz für all das Gute und Neue, das in dein Leben will. Nicht allen fällt es gleich leicht loszulassen. Das Loslassen ist ein Thema, das uns Menschen immer wieder beschäftigt und beschäftigen wird. Ich habe dafür ein kleines Ritual. Es soll dir behilflich sein, das Loslassen bewusster zu leben.

Wir haben nun gemeinsam einen ganzen Zyklus durchlebt. Der Herbst ist der Monat der Ernte, der Dankbarkeit, des Loslassens und auch des Übergangs zum Winter. Die dunkle Jahreszeit beginnt. Gemeinsam tauchen wir nun wieder ab, in die Stille, in die Weisheit des Winters und des Neumonds. Und so geht es weiter mit dem Zyklus, dein Zyklus, unser aller Zyklus. Tag für Tag, Monat für Monat, Jahr für Jahr. Du bist immer begleitet von der Natur, ihren Kräften, ihren Energien und Qualitäten. Das Leben unterstützt dich mit dem Kreislauf der Natur. Wenn du dich dafür öffnest, entdeckst du vor allem eines: DICH.

RITUAL LOSLASSEN

Durch Rituale kannst du einem Vorhaben oder einem Anliegen die nötige Kraft geben. Indem symbolisch eine Handlung durchgeführt wird, erhält die Absicht eine Art Hebelwirkung. So kannst du das Vorhaben oder den Wunsch auf der Gefühlsebene erleben und löst damit in dir den ersten wichtigen Schritt aus.

Mach dir im Vorfeld Gedanken darüber, was genau du loslassen möchtest. Nimm diese Gedanken zum Beispiel auf einen Spaziergang mit. Lass den Alltag zu Hause und versuche, dich innerlich auf das bevorstehende Ritual auszurichten. Der Spaziergang hilft dir, nochmals bewusst zu werden, was du nicht mehr in den neuen Kreislauf mitnehmen möchtest. Dann nimm ein paar Blatt Papier zur Hand und schreib pro Blatt ein Thema auf, das du loslassen möchtest. Das kann ein Stichwort sein, ein Text oder auch ein Brief an dich oder an eine involvierte Person. Du entscheidest, was sich für dich richtig anfühlt.

Wenn du soweit bist, entfachst du ein Feuer. Vielleicht hast du eine Feuerschale zu Hause: super. Wenn nicht, nimm eine feuerfeste Schale aus Ton oder Keramik zur Hand sowie eine Kerze. Nun übergib in absoluter Achtsamkeit und auch in vollem Bewusstsein all deine Themen dem Feuer.

Lass dich nicht stressen und hab auch keine Hast. Schau dem Verbrennen zu und versuche, mit einer bewussten At-mung das Loslassen zu unterstützen. Bei jeder Ausatmung gibst du deine Themen ab. Übergib die Asche dem Wind oder der Erde. Lass das Ritual wirken, und wenn dir danach ist, nimm noch ein Bad oder eine Dusche. Das Element Feuer hat eine sehr stark transformierende, das Element Wasser eine wunderbar reinigende Kraft.

Beispiele aus dem Alltag

Ein paar Beispiele aus meinem Leben zeigen dir, welche positiven Auswirkungen die Kraft der Intentionen sowie der Rhythmus des Mondes in meinem Leben hatten. Ich versuche verschiedene Perspektiven einzunehmen. Denn wir alle sind ja immer mehr als nur der Mensch an und für sich. Wir tragen verschiedene Hüte. Dabei versuchen wir meist, all diesen Funktionen gerecht zu werden, was oft schiefgeht. Früher oder später werden wir einer Aufgabe nicht mehr gerecht, erfahrungsgemäß ist es die Rolle des ICHs.

Das eigene Leben, die eigene Gefühlswelt und die eigenen Wünsche und Träume geraten dann immer mehr ins Hintertreffen. Das darf nicht sein. Ich glaube, ich spreche allen aus dem Herzen, dass vor allem die Rolle des Elternseins uns unglaublich fordert. Wir würden unser Leben für unsere Kinder geben. Doch es darf nicht sein, dass wir uns selbst aufgeben. Unsere Kinder lernen von uns. Wenn wir uns aufgeben, wenn wir unsere Wünsche und Träume aufgeben, was lernen sie dann von uns? Was geben wir ihnen mit auf ihrem Weg? Aber: Wie können wir uns und unserem Leben gerecht werden?

––– **Beispiel aus meinem Leben als Selbstständige**

Als Selbstständige hat man gleich mehrere Hüte zu tragen. Man ist Visionärin, man ist Architektin, Bauingenieurin und Bauarbeiterin in einem. Wenn du den inneren Drang verspürst, dich selbstständig zu machen, hast du zuerst immer eine Vision. Diese Vision hält alles aufrecht und ist dein Orientierungspunkt, dein Leuchtturm. Doch allein mit der Vision gelangst du nicht zu deinem Leuchtturm. Auch hier gilt es, den Weg zu gehen. Mit allem, was dazugehört. Ich weiß nur zu gut, wie ich manchmal dachte, ich würde untergehen. Ich hatte unglaublich viele Zeitfresser, die mit meiner Vision eigentlich gar nichts zu tun hatten, und trotzdem dazugehörten. Buchhaltung, Marketing, Versicherungen etc. Das alles drohte, den Wunsch im Keim zu ersticken, weil ich einfach nicht wusste, wie ich alles bewerkstelligen sollte. Vor allem mit der begrenzten Zeit, die ich als Mutter eines kleinen Sohnes hatte. Also stellte ich mir die wichtigsten Fragen aus der Perspektive der Selbstständigen: »Was will ich? Was brauche ich, damit es mir gut geht?«

Die erste Frage war klar: Ich wollte durch meine Selbstständigkeit frei sein und vor allem ein Gefühl von Frieden finden. Den Frieden, das zu tun, was mein Herz nährt. Den Frieden, schreiben zu können. Den Frieden, Menschen zu inspirieren. Aber auch den Frieden, genug Geld zu verdienen, damit wir als Familie keine finanziellen Sorgen haben. Die zweite Frage war schon schwieriger. Ich wusste die Antwort, doch ich glaubte nicht daran oder ich sah schlicht nicht den Weg. Wie sollte ich als Selbstständige, die gerade erst gestartet war, es mir leisten können, diese für mich ärgerlichen Zeitfresser zu eliminieren? Ich hatte kein Budget für eine externe Buchhaltung. Ich stellte mir die Frage jedes Mal aufs Neue, bis ich irgendwann begriff, dass, solange ich mir diese Unterstützung nicht gönnte, ich sie auch niemals in Anspruch nehmen würde. Und erst, als ich ganz klar für mich die Intention setzte, dass ich alle Zeitfresser weggebe, änderte sich die Situation. Eine ehemalige Kundin von mir wollte sich als virtuelle Assistentin selbstständig machen und fragte mich an, ob ich von diesem Angebot Gebrauch machen wollte. Ich sah das als Wink des Schicksals an und übergab ihr die längst fällige Buchhaltung vom vergangenen Jahr.

Ich kann mich noch gut an diesen Moment erinnern, als ich innerhalb von ein paar Tagen die fertige Buchhaltung erhielt — zu einem absolut bezahlbaren und fairen Preis. Ein tonnenschwerer Stein fiel mir vom Herzen. Ich fühlte mich endlich wieder frei und konnte meine ganze Energie für das einsetzen, was mich nährt. Ich bin mir sicher, diese Chancen sind immer da. Doch erst, wenn wir in uns den Hebel setzen und uns für unsere Intention öffnen, werden sie auch sichtbar. Die Kraft der Intentionen hat mir geholfen, die Übersicht nicht zu verlieren. Zu schnell geschieht es, dass wir vor lauter Bäumen den Wald nicht mehr sehen. Indem ich mir jeden Monat vor Augen halte, was ich will und was ich brauche, bleibe ich auf meinem Weg.

--- Beispiel aus meinem Arbeitsalltag

Zu Weihnachten sind wir jedes Jahr über die Feiertage in der Bretagne. Die Zeit dort tut mir immer sehr gut und gibt mir die Möglichkeit, gleich doppelt in die Qualität des Winters abzutauchen. Oft lasse ich das vergangene Jahr in mir wirken und definiere daraus meine neuen Intentionen. In der Arbeitswelt ist das nicht anders. Doch es gibt einen großen Unterschied. Als ich noch als Angestellte tätig war, sei dies als Arbeits- oder Führungskraft, wurden die Ziele am Anfang des Jahres sehr klar und meistens auch ehrgeizig definiert. Doch mit der Zeit verloren die Ziele an Dynamik. Sie wurden, wenn es gut lief, Mitte des Jahres nochmals aus der Schublade hervorgenommen und begutachtet und dann Ende des Jahres abschließend beurteilt. Oft entstand bei mir eine Art Frust. Für mich und meine Mitarbeiter, weil Geschehnisse aus dem laufenden Jahr nicht integriert werden konnten und auch nicht berücksichtigt wurden. So wurde die ganze Zielsetzung immer mehr zu einer Farce und die Freude daran ging verloren.

Was würde geschehen, wenn die Jahresziele auf den Mondrhythmus heruntergebrochen werden? Durch die Kraft der Intentionen in Kombination mit dem Mondrhythmus habe ich jeden Monat die Möglichkeit, mein Ziel aktiv zu begleiten. Ich definiere, was das Ziel ist. Ich werde aktiv, gehe das Ziel an. Ich feiere meine Erfolge und prüfe, wo ich wichtige Erkenntnisse für mich ziehen kann. Ich gönne mir Ruhe und lasse die gewonnenen Eindrücke in den neuen Kreislauf einfließen. Es würde gar nicht mehr vorkommen, dass ich durch Begebenheiten im Leben an meinem Ziel vorbeischieße, denn ich kann sie jedes Mal neu justieren. Es würde mir auch nicht in den Sinn kommen, meine Ziele einfach laufen zu lassen. Denn es sind ja meine Ziele, meine Intentionen, die ich verfolge.

Dieser Rhythmus ist so wertvoll, weil wir so immer die Möglichkeit haben, mit unserer Arbeit, mit unserem Tun Schritt zu halten. Es entstehen keine Diskrepanzen mehr, denn statt einem Jahresgespräch hast du jeden Monat dein Zielvereinbarungsgespräch. Mit dir. Ob du das nun für dich persönlich einsetzt oder auch auf deine Arbeit ausweitest, liegt an dir. Doch glaub mir, es funktioniert auch in der Arbeitswelt ganz wunderbar. Du hältst dir jeden Monat vor Augen, was dein Ziel ist. Du gehst eher aus dir raus, fasst Mut und setzt dich für deine Ziele ein. Du honorierst deine Arbeit, feierst deine Erfolge und gönnst dir einen Moment des Genusses. Du ziehst aber auch deine wertvollen Erkenntnisse, vielleicht sogar Konsequenzen daraus und lässt diese neu einfließen. Ich frage mich manchmal, wie unsere Arbeitswelt wohl aussehen würde, wenn dieser Rhythmus auch dort gelebt werden würde. Ich glaube, unsere Gesellschaft wäre zum einen viel effizienter und

auch effektiver. Doch wären wir vielleicht gleichzeitig auch ausgeglichener und weniger gestresst.

− − − Beispiel aus meinem Leben als Mama

Wir alle möchten gute Eltern sein. Wir wollen, dass es unseren Kindern gut geht. Mit bestem Wissen und Gewissen tun wir das, was wir tun können. Wir lieben sie, wir begleiten sie und irgendwann lassen wir sie los. Durch die Kraft der Intentionen habe ich auch aus der Perspektive einer Mutter sehr viel lernen können. Dabei ging es mir nicht darum, dass ich als Mama irgendein Ziel erreiche. Es ging mir darum, dass ich Erwartungen an mich loslasse. Dass ich festgefahrene Muster aufdecke und auflöse. Ich gewährte auch hier den Rhythmen und Qualitäten der Natur Einlass und verinnerlichte so einen sehr wohltuenden und vor allem wohlwollenden Rhythmus.

Wie zeigte sich dies in meinem Alltag? Irgendwann wurde mir bewusst, dass ich gewisse Qualitäten als Mutter sehr stark vernachlässigte. Die Phase des Sommers und die Phase des Winters gingen bei mir total unter. Ich genoss so selten das Jetzt. War mit Gedanken oft schon beim Essen, beim Einkauf, bei der Arbeit. Manchmal geschah es, dass ich sogar beim Spazierengehen meinem Kleinen einen Turborhythmus aufzwang. Ich vergaß den Genuss. Vergaß das wunderbare Sich-verlieren im Moment. Das, was uns die Kinder so schön vormachen und was so wertvoll ist. Und noch etwas anderes vergaß ich: stolz zu sein. Auf mich und mein Leben als Mama. Dabei predigte ich all den Teilnehmerinnen meiner Retreats und Online-Kurse, stolz zu sein, auch die kleinen Erfolge zu feiern, den Moment zu genießen. Und was tat ich?

Also begann ich auch hier, Schritt für Schritt, die Qualität des Sommers und auch des Winters zu leben. Ich nahm mir den Druck. Ich ging achtsam in jede Phase hinein und prüfte wohlwollend, wie gut ich auch den Sommer und den Winter in mein Leben einließ. Ich gönnte mir in der Phase des Winters eher Ruhe. Früher nutzte ich die Zeiten, in denen ich nicht mit meinem Sohn beschäftigt war, entweder zur Arbeit oder für das Zuhause. Nun nutzte ich diese Zeit wirklich, um mich auszuruhen, einen Mittagsschlaf zu halten, mich hinzulegen. Spannenderweise blieb deshalb nicht alles liegen – im Gegenteil. Dadurch, dass ich auch den Winter in meinem Alltag lebte, schöpfte ich viel schneller wieder frische Energien und kam nicht mehr in dieses Stadium des absoluten Erschöpftseins.

Es gelingt mir auch heute nicht immer, allen vier Phasen gerecht zu werden. Doch ich weiß, wie wichtig es ist, und wie heilsam dieser Rhythmus sein kann. Ich bin absolut davon überzeugt, mein Sohn dankt es mir. Und mein Lebenspartner auch.

--- Beispiel aus schweren Zeiten

Ich kann mein Leben nicht losgelöst von meinen Rollen betrachten. Meine Selbstständigkeit, meine Arbeit, meine Familie und mein Umfeld machen mich aus. Sie alle gehören zu meinem Leben dazu. Und doch hat jede Aufgabe ihren eigenen Raum, ihren Wirkungskreis und ihren Platz in meinem Leben. Wenn ich deshalb mein Leben als Ganzes betrachte, so gehört da noch viel mehr dazu als das, was vermeintlich sichtbar ist.

Zu unserem Leben gehören unsere Erfahrungen, unsere stärksten und schwächsten Momente, unsere Zeiten der Dunkelheit sowie unsere Zeiten des Glücks. Sie alle fügen sich wie winzige Puzzleteile zusammen und lassen dadurch sichtbar werden, was ist: den Menschen. Das Leben, das dieser Mensch führt. Die Entscheidungen, die er getroffen hat. Die Entscheidungen, die er nicht getroffen hat. Sie alle fügen sich zusammen, ergänzen den Weg und formen den weiteren Lebensweg. Wir werden als Kinder geboren. Und als Kinder glaubten wir noch an unsere Träume. Wir glaubten vielleicht an Magie und daran, dass auch das Unmögliche möglich ist. Irgendwann haben all diese Puzzleteile uns soweit geprägt, dass dieser Glauben verloren ging. Vielleicht nicht bei allen, aber wenn ich mich so umblicke, doch bei einigen. Die Kraft der Intentionen ist ein wunderbares Werkzeug, um zu dieser Magie zurückzufinden. Das Leben muss nicht eine Abfolge von vorbestimmten Erlebnissen sein. Nur weil gewisse Erfahrungen uns geprägt haben, heißt es nicht, dass dies unser ganzes Leben bestimmen soll.

Ich habe mit dem Rhythmus der Natur einige Erlebnisse in meinem Leben soweit transformieren können, dass sie mich vielleicht noch immer pragen — Jedoch nicht ausmachen. Wie kann ich den Naturrhythmus dafür nutzen? Bei mir war es vor allem die Qualität des Herbstes, die mir half, all die Schwere in meinem Leben zu transformie-

Die Natur offenbart sich in all ihrer Schönheit.

ren. Ich nutze diese Zeit aktiv, um loszulassen: zu hohe Erwartungen, ungesunde Muster, Verletzungen, blöde Diskussionen, ärgerliche Begebenheiten, Traumata. Sie alle können mit der Kraft der Natur gelöst werden. Der erste Schritt ist sicherlich das Bewusstwerden der eigenen

Schwere. Da helfen uns wieder die wichtigsten Fragen: »Was will ich? Was brauche ich, damit es mir gut geht?«. Indem ich immer wieder diese Fragen beantworte, gehe ich meinem Innenleben auf den Grund und sehe nicht nur meine Herzenswünsche, sondern auch, was mir dabei im Weg steht. Ich kann dadurch auch aktiv handeln und mir die Unterstützung holen, die ich brauche. Sei dies durch Gespräche mit guten Freunden oder auch professionelle Hilfe.

Gleichzeitig wird mir jedoch auch klar, dass ich selbstverantwortlich mindestens einmal im Monat bewusst meine Themen loslassen darf. Immer zur Phase des abnehmenden Mondes. Ich übernehme diese Verantwortung und tue das, was in meiner Macht liegt. Doch ich weiß auch, dass alles seine Zeit braucht. Und dass es manchmal mehrere Zyklen braucht, bis gewisse Themen gelöst werden können. Auch hier hilft mir wieder die Weisheit der Natur und schenkt mir Kraft sowie Durchhaltevermögen. Sie nimmt mir den Druck raus, immer alles lösen zu wollen. Sie zeigt mir auf, dass alles gut ist, so wie es ist.

Darauf kommt es an

Wir nähern uns dem Abschluss. Du hast alle Grundlagen erfahren, damit du diesen kraftvollen und wohltuenden Rhythmus in dein Leben integrieren kannst. Bevor es jedoch soweit ist, möchte ich dir noch meine wichtigsten Erkenntnisse mitgeben. Ich lebe die Kraft der Intention nun schon seit mehreren Jahren und darf rückblickend sagen: So einiges habe ich »falsch« gemacht. Das gehört immer zum Prozess dazu. Was jedoch nicht heißen muss, dass auch du die gleichen Fehler machen wirst.

FINDE DEINEN EIGENEN RHYTHMUS
Damit die Kraft der Intentionen in deinem Alltag Fuß fassen kann, empfehle ich dir, deinen eigenen Rhythmus zu entdecken. Ich meine damit eine Art Struktur, die dir hilft, diesen Rhythmus auch wirklich zu leben. Meine Erfahrung mit Teilnehmerinnen meiner Workshops und Online-Kurse haben gezeigt, dass das Wochenende ein guter Zeitpunkt

Die Pflanzen lassen sich Zeit. Sie erblühen dann,
wenn der richtige Zeitpunkt da ist.

ist, sich auf die Energien der Natur einzustimmen. Finde deinen Rhythmus und hol dir diese wichtigen Momente. Trag sie dir dick in deine Agenda ein. Es sollen Momente sein, die nur für dich da sind, die dir guttun und dich nähren. Die Natur gibt dir den Takt vor. Vor allem der Mond ist hier ein wunderbarer Freund, der dich immer wieder sehr wohlwollend ermahnt, in die jeweilige Qualität einzutauchen. Doch auch hier ist Druck oder Stress fehl am Platz. Die Natur kennt beides nicht. Sie ist einfach. Es gibt Bäume und Sträucher, die schon im Februar mit den ersten wärmeren Sonnenstrahlen zu sprießen und zu blühen beginnen. Und dann gibt es auch Bäume, die sich Zeit lassen. Sie warten ab, lassen alles setzen und wirken und wagen sich erst im Mai hervor. Sie blühen dann, wenn sie es für richtig halten. Und genauso sollte es auch für dich sein. Setz dich bitte nicht unter Druck. Versuch es einfach. Versuch, einmal in der Woche dich kurz mit den Qualitäten der Natur auseinanderzusetzen, und frage dich, was dies für dich in deinem Alltag bedeuten könnte.

Ich persönlich habe keinen fixen Tag, an dem ich in die jeweilige Qualität eintauche. Ich orientiere mich hier an zwei Fixpunkten in meinem Leben. Ich habe die Vollmond- sowie die Neumondtage dick in meiner Agenda eingeschrieben und so gehe ich fließend mit den Qualitäten mit. Zudem halte ich sehr gerne nach dem Mond Ausschau. Ich gehe ja auch nicht bei einer lieben Freundin vorbei, ohne zu winken, und genauso verhält es sich mit dem Mond. Frühmorgens oder abends schaue ich kurz in den Himmel und begrüße ihn.

Deshalb: Entdecke für dich deinen Rhythmus. Die Natur gibt dir den Takt vor, doch wie du ihn für dich und deinen Alltag leben willst, entscheidest du. Vielleicht bist du eher der Typ, der einen fixen Tag und sogar eine fixe Uhrzeit benötigt, damit der Rhythmus Platz in deinem Leben bekommt. Dann streich dir diesen Termin fett an und informiere auch deine Liebsten darüber. Du musst dich dabei nicht erklären, es ist einfach deine Auszeit. Die Auszeit ist kein Luxus, sondern ein Basisgut. Es ist essenziell, dass jeder diese Zeit für sich nimmt und auch hat. Falls das bei dir noch nicht so ist, dann beginne im Kleinen. Ich weiß, dass es manchmal Situationen im Leben gibt, in denen man sich fragt, wie man dafür auch noch Platz und Zeit im Alltag finden soll. Er ist ja sonst schon so voll. Doch ich weiß auch, dass es geht. Je mehr du diesem Rhythmus Einlass gewährst, desto besser wird es dir gehen und das Spannendste ist: Du wirst viel ruhiger, geerdeter und beginnst, dein Leben zu leben. Du wirst nicht mehr gelebt. Du lebst dein Leben. Denn du hast jederzeit deinen Rhythmus. Ein Rhythmus, der dich bei dir selbst ankommen lässt und dich stärkt.

Dieser Rhythmus beginnt mit einer Entscheidung. Einer weittragenden und wichtigen Entscheidung. Du nimmst die Zügel in die Hand. Du entscheidest dich für dich und deinen Rhythmus. Bleib bei dieser Entscheidung. Auch wenn es Tage oder Wochen gibt, an denen du wieder in das Hamsterrad hineingerätst. Sei wohlwollend mit dir und beginne wieder von neuem. Du hast mit dem Mond die Möglichkeit, jederzeit wieder einzusteigen.

Falls du Zweifel hast, ob du es wirklich schaffst, deinen eigenen Rhythmus zu finden, so habe ich die Erfahrung gemacht, dass es zu zweit immer besser geht. Hast du eine gute Freundin oder einen guten Freund, der dich vielleicht begleiten würde? Vielleicht bist du nicht allein mit diesem Wunsch und ihr könnt gemeinsam diesen Rhythmus in euer Leben einlassen. Probiere es aus. Hol dir all die Unterstützung, die du brauchen kannst. Du tust es für dich.

HABE VERTRAUEN

Um mit dem Kreislauf der Natur mitzugehen, braucht es vor allem eines: Vertrauen. Klar, du musst dich zuerst einmal für diesen Weg öffnen. Du benötigst auch eine gehörige Portion Mut und Willenskraft. Doch du kannst noch so mutig und stark sein, das alles hilft dir nichts, wenn du nicht auch Vertrauen hast. Vertrauen in dich, aber auch in das Leben an und für sich. Wenn du mit dem Kreislauf der Natur mitgehst,

öffnest du dich gleichzeitig auch für deinen eigenen Weg. Es ist ein Weg, der dich mit den Kräften der Natur verbindet. Mit den Wundern des Universums und vor allem auch mit deiner eigenen Kraft. Das alles kannst du erst aktivieren, wenn du auch Vertrauen in dich und deinen Weg hast. Wenn du kein Vertrauen in dich selbst hast, lebst du getrennt von dem, was du sein kannst.

Manchmal ist der Weg dunkel, neblig und düster. Du siehst ihn kaum, geschweige denn, wohin er dich führen wird. Dann wieder ist er abgründig und schmal. Du kannst dich kaum bewegen, bist vielleicht vor Angst wie gelähmt weiterzugehen. Aber dann kann der Weg dich auch an wunderschönen Schauplätzen der Natur vorbeiführen. So ist es mit dem Weg. Das erleben wir alle. Du und ich. Doch je mehr du deinen Weg gehst, desto breiter wird er. Es wird immer leichter, ihn zu gehen, bis du ganz beschwingt und voller Freude dich aufmachst und gespannt auf all die wundersamen Abenteuer bist, die du erleben wirst.

Ich weiß, nicht alle von uns haben diesen inneren Fels des Urvertrauens in sich. Vielleicht haben dich Erlebnisse in der Kindheit geprägt, die dir dieses Vertrauen genommen haben. Die es dir schwerma-

chen, dich für deinen Weg zu öffnen. Du möchtest vielleicht, doch du findest den Zugang nicht.

Vertrauen ist ein Gefühl. Wir fühlen es, es ist etwas, dass wir TUN können. Auch wenn für dich das Vertrauen eine schwierige Angelegenheit ist, so kannst du dich doch jederzeit, immer wieder, dafür entscheiden. Vertrauen musst du leben. Es geht nicht anders. Du wirst es nie haben, ohne dass du es auch tust. Es kommt nicht zu dir. Wenn du das Vertrauen immer wieder auf sichere Distanz hältst, wird es auch immer dortbleiben: auf Distanz. Nähere dich ihm mit kleinen Schritten. Und jedes Mal, wenn die Angst dich übermannt, wenn du das Gefühl hast: »Ich wusste es doch, es klappt nicht bei mir«, ... dann lass los. Lass diese Gefühle ziehen und geh trotzdem weiter. Auch wenn alles in dir danach schreit, dass es bei dir nicht funktionieren wird, aus welchem Grund auch immer, genau in dem Moment, wo du meinst, du musst aufgeben, mach weiter. Geh weiter. Habe Vertrauen. Wenn nicht in dich und in dein Leben, dann in mich. Denn ich bin da durch und ich weiß, wovon ich rede. Ich bin nicht anders als du. Wir alle haben den gleichen Ursprung. Wir alle sind Menschen, die fühlen. Die Verletzungen mit sich tragen, die Ängste haben, Traumata. Doch diese können wir überwinden.

Also habe Vertrauen in dich und deinen Weg. Geh mit dem Rhythmus des Mondes mit. Geh mit dem Rhythmus der Natur mit, dem Kreislauf des Lebens. Öffne dich für diese Wunder des Lebens und du wirst in dir all das entdecken, was dich nährt und wachsen lässt.

ACHTE ALLE VIER PHASEN

Wenn ich eines gelernt habe auf diesem Weg, so ist es, alle vier Phasen zu achten. Ich weiß, du hast es schon ein paar Mal von mir gehört, doch ich sage es dir nochmals. Lebe deinen Winter mit seiner wohltuenden Ruhe und weisen Stille. Lebe den Frühling mit seiner aktivierenden Aufbruchsstimmung und seinem hoffnungsvollen Tatendrang. Lebe den Sommer mit seiner einzigartigen Größe und nährenden Fülle. Und lebe den Herbst mit seiner wunderschönen Dankbarkeit und seinem gütigen Loslassen.

Achte alle vier Phasen. Und zwar nicht nur auf der geistig-intellektuellen Ebene, sondern LEBE die Phasen auch wirklich. Zieh dich zurück, gib dir Raum, grenze dich ab. Gehe in deine Stille. Nimm immer wieder Kontakt mit deiner Intuition auf. Gib dir aber auch einen Ruck. Sei mutig, setze dich für dich ein. Sei stolz auf dich. Genieße, was ist. Schenke dir Mußestunden – Stunden des Glücks.

Alle vier Phasen zu achten und zu leben, ist für mich eine Intention, die ich auch heute noch immer wieder setze. Ich kenne mich, kenne meine Schwächen. Ich bin oft zu euphorisch, voller Tatendrang und möchte lieber heute als morgen am Ziel sein. Das ist schön und gut. Diese treibende Kraft kann einiges bewirken. Doch ich missachte dafür sehr gern und oft den Winter. Die Stille, die Ruhe. Jeder von uns hat seine Schwächen und Vorlieben. Ich gehe davon aus, du weißt genau, welcher Phase du bis dahin nicht genügend Raum gegeben hast. Mit dem Rhythmus des Mondes gehen diese wohltuenden Phasen nicht mehr unter. Du wirst automatisch daran erinnert. Das Schöne dabei ist, indem du sie honorierst, lebst du sie. Du gibst dir selber die Ermächtigung, alle vier Phasen zu fühlen, sie in deinen Alltag zu integrieren. Das wird deine Lebensqualität auf eine spürbare und unglaubliche Art und Weise verändern.

Nimm dir dabei immer wieder ein Beispiel an der Natur. Es gibt Pflanzen, die blühen schon nach einem Kreislauf. Doch es gibt auch Pflanzen, die brauchen mehrere Kreisläufe, bevor sie soweit sind. Es wird Intentionen geben, die sich sofort in deinem Leben manifestieren. Es kann aber auch sein, dass gewisse Intentionen einfach ruhen. Sie brauchen mehrere Zyklen, bis sie sichtbar werden. Das ist in Ordnung. Die großen Wunder geschehen still und leise. Solange du allen vier Phasen immer wieder den Raum gibst zu sein, werden deine Intentionen erblühen.

SEI GEDULDIG

Die Geduld – wie ich sie manchmal vermisse. Denn ich bin alles andere als geduldig. Vielleicht ist sie gerade deshalb meine größte Lehrmeisterin. Zum Glück werde ich immer wieder in der Natur fündig. Denn wir können einer Pflanze nicht einfach sagen: »Wachse schneller«. Sie wächst dann, wenn sie es für richtig hält, in ihrem Tempo. Der ganze Prozess des Wachstums und der Reife erfordert unglaublich viel Geduld. Ich frage mich immer, ob vielleicht deshalb Menschen, die tagtäglich mit der Natur arbeiten, geduldiger sind als Menschen mit anderen Berufen. Es wird wohl so sein.

Sei geduldig. Mit dir und deinem Prozess. Erinnere dich daran, dass auch du Natur bist und es deshalb nicht möglich ist, immer gleich Resultate sehen zu können. Das geht nicht und wäre auch nicht gut für dich. Denn die Kraft der Intentionen in Kombination mit dem Rhythmus der Natur beschenkt dich gleich zweifach. Durch den Rhythmus lernst du, fokussiert und zielstrebig deine Wünsche und Ziele zu manifestieren. Doch du lernst ganz nebenbei noch etwas anderes. Du lernst zu leben. Du lässt alle Qualitäten der Natur in dein Leben ein und wirst somit ganzheitlich. Und diese Umstellung erfordert Geduld. Sie geschieht nicht von heute auf morgen, doch sie geschieht schneller als du meinst.

Ich habe festgestellt, dass die größten Veränderungen dadurch entstanden sind, dass ich den ganzen Weg gegangen bin. Auch die Teile des Wegs, die unangenehm waren. Nur dadurch konnte ich unglaublich wertvolle Erkenntnisse für mich und mein Leben ziehen, und dafür bin ich dankbar. Plötzlich werden dir Dinge bewusst. Doch diese können dir erst klar werden, wenn du alle vier Phasen lebst. Wenn du den Rhythmus der Natur zulässt. Und dann kann es sein, dass du plötzlich Riesenschritte machst. Weil du siehst, was dir im Weg steht. Weil du siehst, was du hinter dir lassen darfst. Und weil du siehst, was du tun kannst, damit du deinem Ziel näherkommen kannst.

Hege deine Intentionen wie einen wunderbaren Garten. Du entscheidest, was in diesem Garten blühen darf. Du entscheidest, welche Pflanzen, Kräuter und Blumen hervorkommen dürfen. Doch dem Rhythmus dieser Pflanzen musst du dich hingeben. Lass allem seine Zeit, dann wirst du reichlich belohnt.

Deine Reise beginnt

Das Ende des Buchs ist gleichzeitig auch der Beginn deiner Reise mit der Kraft der Intention und den Rhythmen der Natur. Manchmal, wenn ich zu Hause in Luzern die Berge betrachte oder an meinem Herzensort in der Bretagne aufs Meer schaue, habe ich den Eindruck, dass wir alle immer wieder auf Reisen sind. Ich glaube, das muss so sein. Denn nur so entdecken wir uns selbst. Und wenn wir das tun, werden wir uns bewusst, dass der Leuchtturm immer da war – in uns. Vom ersten Tag an war das Leuchten da, und er wird bis zum letzten Tag sein wunderbares, einzigartiges Leuchten scheinen lassen. Denn so sind wir Menschen. Wir sind wunderbare Geschöpfe, voller Liebe und Kraft. Diese Liebe, diese Kraft gilt es zu entdecken. Und wenn wir das tun, wenn wir dieses eigene Leuchten erfahren, wissen wir, dass wir immer den sicheren Hafen in uns haben. Dann können Stürme und sogar Orkane kommen, wir werden sie nehmen können. Wir werden sie voller Vertrauen über uns ergehen lassen – im Wissen, dass am nächsten Tag alles reingewaschen ist.

Ich spüre nicht immer meinen Leuchtturm. Es gibt auch bei mir Tage oder sogar Wochen, wo ich mich verloren fühle. Weit draußen auf offener See. Doch sobald ich mich wieder erinnere, sobald ich mich wieder der Kraft der Intentionen widme und mich für die Rhythmen der Natur öffne, komme ich an. Ich komme bei mir selbst an. Und dann spüre ich sie wieder, diese innere Kraft. Diese Gewissheit, dass alles gut ist, so wie es ist.

So geh auch du deinen Weg. Geh ihn mit der Kraft der Intention. Öffne dich für deinen Weg. Entdecke dadurch dein eigenes Leuchten. Du bist begleitet von den wunderbaren Mächten der Natur. Sie werden immer da sein, tagein, tagaus, an deiner Seite. Werden dich daran erinnern, welcher Rhythmus dich ankommen lässt. Dir Vertrauen, Geduld und Kraft schenken. Und vergiss dabei nicht deinen Mut. Er ist in deinem Herzen zu Hause. Alles, was du brauchst, ist schon vorhanden.

Herzlichst,
Susana

Zum Weiterlesen

Wenn man beginnt, der eigenen Stimme des Herzens zu hören, zieht dies meist Veränderungen mit sich. Diese Veränderungen können am Anfang verunsichern. Bei mir war das so. Indem ich plötzlich mir selbst gegenüber achtsam wurde und den Mut entwickelte, meinen eigenen Weg zu gehen, öffnete sich für mich eine ganz neue Welt, eine neue Perspektive – gleichzeitig machte mir das auch Angst. Ich verließ meine Komfortzone und begab mich auf unbetretene Pfade.

Die folgenden Bücher haben mir während dieser Zeit sehr geholfen. Vielleicht helfen sie auch dir weiter oder geben dir zumindest ein wenig Halt und Kraft.

- Willard, Jill: *Intuitive Being. Connect with Spirit, Find Your Center, and Choose an Intentional Life*, Harper One 2016. Der Autor erklärt in diesem Buch auf eine ganz einfache, klare und vor allem auch zugängliche Art und Weise, wie wir mit unserer Intuition in Kontakt treten können. Dieses Buch hat mir sehr geholfen, mehr Vertrauen in meine eigene Intuition zu fassen. Durch die zahlreichen Erklärungen, Beispiele, aber auch Meditationsanleitungen konnte ich so Schritt für Schritt meine eigene innere weise Stimme kennenlernen. Die Meditationsübung auf S. 63ff. ist von ihr inspiriert. Das Buch ist nur auf Englisch erhältlich.

- Fuchs, Christine: *Räuchern im Rhythmus des Jahreskreises. Die Kraft der Natur durch achtsam gestaltete Räucherrituale im Jahreslauf erfahren*. Kosmos 2015. Durch dieses wunderbar gestaltete Buch konnte ich noch tiefer in die Symbolik und Weisheit der Natur eintauchen. Die Jahreskreisfeste begleiten mich schon lange. Diese in Kombination mit achtsamen Räucherritualen zu feiern, gab und gibt mir noch immer sehr viel Halt und pure Freude.

- Gilbert, Elizabeth: *Big Magic. Nimm dein Leben in die Hand und es wird dir gelingen*. Fischer TB 2015. Ich bin ein großer Fan von Elizabeth Gilbert. Dieses Buch gab mir zu einem wichtigen Moment den nötigen Ruck, noch stärker auf meine Kreativität zu setzen. Ich empfehle dieses Buch allen, die mit den eigenen inneren Hürden der Kreativität und Selbstständigkeit zu kämpfen haben.

- Pope, Alexandra, Sjanie Hugo Wurlitzer: *Wild Power, Dein Zyklus als Quelle weiblicher Kraft.* Trias 2019. Dieses Buch war für mich eine Offenbarung. Alles, was ich mir über die Jahre angeeignet hatte, wurde hier bestätigt. Ich war total erstaunt und gleichzeitig hoch erfreut. Denn mein Wissen über die Symbolik der Natur, ihre Zyklen und Rhythmen wurde mit diesem Buch ganzheitlich ergänzt. Ein absolutes Muss für jede Frau, die noch tiefer in die Kraftquelle des eigenen Zyklus eintauchen möchte.
- Ende, Michael: *Momo und Die unendliche Geschichte.* Thienemann 1973/1979. Michael Ende hat mich schon früh als Kind geprägt. Ich liebte seine Bücher und wollte immer wieder in seine Welten abtauchen. Auch heute noch, Jahrzehnte später, begleiten mich seine Geschichten. In ihnen sind wunderbare Weisheiten verborgen, die es vor allem als Erwachsene wieder zu entdecken gilt.

Empfehlenswerte Bücher aus dem Kosmos- und dem Nymphenburger-Verlag, die die Entfaltung der eigenen Persönlichkeit unterstützen:

- Fischer-Rizzi, Susanne: *Mit der Wildnis verbunden*, Kosmos 2015.
- Fischer-Rizzi, Susanne: *Das Geheimnis deines Ortes*, Kosmos 2020.
- Fuchs, Christine: *Räuchern in Winterzeit und Raunächten – Mit Ritualen innehalten und zur Ruhe kommen*, Nymphenburger 2020.
- Fuchs, Christine & Ralph Wilms: *Räuchern für tiefe Meditationen – Ruhe, Entschleunigung und Konzentration*, Nymphenburger 2020.
- Stoehr, Guntram: *Die Natur als Kraftort – Heilsame Plätze erspüren und ihre Energie erfahren*, Nymphenburger 2020.
- Zenz, Diana: *Aromatherapie für die Seele – Mit natürlichen Düften das eigene Selbst entfalten*, Nymphenburger 2020.

Danksagung

Dieses Buch wäre nicht möglich gewesen ohne die Unterstützung wunderbarer Menschen. Dr. Stefan Raps, Projektleiter des Buches im Nymphenburger-Verlag. Annette Ahlborn, die Lektorin. Emilie Vermeulen, Illustratorin der Monde und des Kreislaufs der Natur. Gauthier Le Guen, bretonischer Fotograf, der Bilder voller Magie entstehen ließ.

Olivia Fischer, Susan Schilt, die allerbesten Freundinnen, die man sich wünschen kann. Lucia Arnold, Sandra Marusic, Claudia Züllig-Landolt, Anita Rösch – ihr wart und seid so wertvoll für mich und meinem Weg. Edel Kadoch, meine Schwiegermama, die zu einer so wertvollen und weisen Freundin wurde. Meine Eltern: Antonio und Carlota, euer unerschütterlicher Glauben an mich verleiht mir Flügel. Joram. Mein Wegbegleiter. Mein bester Freund. Mein Fels in der Brandung. Meine Liebe. Loïc. Dass ich deine Mama sein darf, inspiriert mich immer wieder aufs Neue.

DANKE.

SUSANA GARCIA FERREIRA

Früher war ich in anspruchsvollen Führungspositionen und als Coach tätig. Eine Sinnkrise vor mehreren Jahren führte mich dazu, mein Leben komplett umzustellen und meinem inneren Ruf zu folgen. Mittlerweile arbeite ich als freischaffende Autorin und inspiriere Menschen, ihren ureigenen Weg zu gehen. Meine Arbeit ist geprägt von den Zyklen und Rhythmen der Natur. Dies hat einen ganz einfachen Grund: Die Natur, ihre Zyklen, ihre wohltuenden Rhythmen sind auch in uns vorhanden. Je mehr wir uns deshalb mit ihnen verbinden, desto geerdeter werden wir. Und je geerdeter wir sind, desto mehr Kraft und Vertrauen können wir aus uns selbst schöpfen.

Ich lebe mit meiner kleinen Familie in Luzern, Schweiz. Ich liebe gutes Essen, ein Glas Wein und erfüllende Gespräche mit Freunden. Die Stille eines frühen Morgens. Den Zauber eines Sternenhimmels. Mein Herzenskraftort ist die Bretagne. Dort ist auch ein Großteil dieses Buchs geschrieben worden.

www.susanagarciaferreira.com

GAUTHIER LE GUEN

Gauthier le Guen ist ein bretonischer Fotograf, den ich über eine Freundin kennenlernen durfte. Hoch erfreut war ich, als ich hörte, dass er in der Nähe von unserem Rückzugsort in der Bretagne lebt. Ich bin sehr dankbar, durfte ich zusammen mit ihm diese wunderbaren Bilder an meinem Herzens-Kraftort entstehen lassen.

Gauthier lebt mit seiner Partnerin und Hund in Quimper, Finistère.

www.gauthierleguen.com